四川大學珍貴古籍名錄

四川大學館藏精品集萃叢書

四川大學珍貴古籍名錄

党躍武 / 主編

丁偉　張盛強　李詠梅　韓夏 / 副主編

四川大學出版社
SICHUAN UNIVERSITY PRESS

項目策劃：何　靜
責任編輯：何　靜
責任校對：周　穎
封面設計：阿　林
責任印製：王　煒

圖書在版編目（CIP）數據

四川大學珍貴古籍名錄 / 党躍武主編． — 成都：四川大學出版社，2020.9
　　ISBN 978-7-5690-3407-3

Ⅰ．①四… Ⅱ．①党… Ⅲ．①四川大學－古籍－圖書目錄 Ⅳ．① Z838

中國版本圖書館 CIP 數據核字（2020）第 167829 號

書名　四川大學珍貴古籍名錄

主　　編	党躍武
出　　版	四川大學出版社
地　　址	成都市一環路南一段 24 號（610065）
發　　行	四川大學出版社
書　　號	ISBN 978-7-5690-3407-3
印前製作	跨克創意
印　　刷	成都市金雅迪彩色印刷有限公司
成品尺寸	160mm×240mm
印　　張	16.75
字　　數	137 千字
版　　次	2020 年 10 月第 1 版
印　　次	2020 年 10 月第 1 次印刷
定　　價	98.00 圓

◆版權所有◆侵權必究

◆ 讀者郵購本書，請與本社發行科聯繫。
　電話：(028)85408408 /(028)85401670 /
　(028)86408023　郵政編碼：610065
◆ 本社圖書如有印裝質量問題，請寄回出版社調換。
◆ 網址：http://press.scu.edu.cn

四川大學出版社
微信公衆號

贍智宏材，於斯爲盛
雙子相輝，衆流天成
四川大學珍貴古籍敘略

　　承文翁之教，繼蜀學淵源，熔中西一爐，與時代同行。自1704年錦江書院藏書之室、1875年尊經書院尊經閣和1896年四川中西學堂藏書樓肇始，四川大學圖書館植根深厚巴蜀大地，服務學校百廿年發展，致力於民族偉大復興，薈萃燦爛中華文明，吸納優秀外來文化，是中國西部歷史最久、規模最大的圖書館。四川大學圖書館館藏文獻跨越三百餘年，歷代勉力搜集，始得蔚爲大觀。現有綫裝中文古籍二十六萬八千餘冊，主要源自國立四川大學和華西協合大學館藏。

一、國立四川大學館藏古籍沿革

　　國立四川大學藏書最早可以追溯至錦江書院時期。錦江書院創辦於康熙四十三年（1704），是四川歷代書院中辦學層次最高、持續時間最長、辦學最典型的書院。錦江書院爲通省作育人才之所，在建立之初即收藏有圖書，最早僅二十四種一百九十七冊，主要滿足生員學習之用。錦江書院所藏圖書雖然没有鈐印，卻可以在文獻記載中找到綫索。《錦江書院紀略》記載，咸豐八年（1858）監院李承熙進行清點，共有官發、各府州廳縣捐贈和寄存書籍二千七百四十六冊，四川總督鄂山等捐置書板九千三百零四片，書籍和書板存書院藏書之室和文翁祠。其中，嘉慶十年（1805）四川布政使董教增捐發改定書籍七種一百五十九冊，嘉慶十八年（1813）荆州知府洛昂捐置書籍法帖二十六種一千二百九十三冊，嘉慶十九年（1814）四川布政使陳若霖捐《欽定學政全書》兩套，嘉慶二十四年（1819）鹽茶道奇成額捐發十三種六百七十冊。四川總督鄂山捐發書籍板片五種，分別爲《新刻日知錄》五百二十二片、《新刻日知錄之餘》五十四片、《新刻菰中隨筆》三十二片、《新刻困學紀聞》四百零五片、《新刻小學》一百零六片。道光十六年（1836）錦江書院監院朱公澧存家藏書籍《稀有錄》二十四片，道光十九年（1839）四川總督蘇廷玉鐫刻《御纂八經》七千九百六十一片、木架十四架。此爲四川大學圖書館館藏的最早統計。

光緒元年（1875），尊經書院創立，四川總督吳棠、學政張之洞和山長薛焕等積極擘畫書院藏書事業，通過調撥、購置、徵集等手段充實館藏，還將成都書局書板移交書院以供刷印，張之洞甚至捐出俸銀爲書院購置書籍二百餘部，奠定了尊經書院的藏書基礎。張之洞所捐圖書專鈐朱印"提督四川學政南皮張之洞捐奉所置書"，保存至今，尚有八十多種一千六百多册，其中包括經部二十四種，史部二十七種，子部八種，集部二十五種，叢書部七種。它們不僅是四川大學圖書館館藏特色文獻的重要組成部分，而且是關於四川文化史、四川教育史、四川出版史，尤其是四川書院史和四川大學發展史的重要檔案，還是承載清代四川政治、經濟、文化和社會發展的重要文物。尊經書院設有刻書機構，刊刻、刷印各類書籍百餘種，刻印書籍校勘精審，成爲尊經書院藏書的重要組成部分。

光緒二十八年（1902），中西學堂、尊經書院率先合併成立四川通省大學堂。光緒二十九年（1903），錦江書院併入四川通省大學堂，不久更名四川省城高等學堂。堂院同歸之時，院内藏書隨之合併。宣統元年（1909），四川存古學堂成立，附設存古書局刊印書籍。湖南籍清流名士趙啟霖出任四川提學使並主持學堂事務，離任之前捐資四百元以供學堂購置圖書，首頁均鈐朱印"提學使趙捐置"。存古書局"對蜀中先正著述及近人論説精闢者悉採入焉。古籍中有專爲蜀事而作，或世所稀有之本，附卷末，以資學人研究"。在審定鄉土志，搜訪鄉賢遺書，參與續修四川地方通志等方面，存古書局用力甚多。經其校定、刊印的重要古籍有三百多種，且在成都青石橋街設店銷售。

民國初肇，存古學堂更名爲四川國學館，不久併入四川國學院。四川國學院以研究國學、發揚國粹、溝通古今、切於實用爲宗旨，謝無量、廖平等人廣事搜羅，或徵或購或據舊板修補刷印，四川官印書局捐局版書三十四種六百五十多册，劉師培捐洋一百二十元購書三十五種並碑拓二百餘種，國學院時期成爲本館古籍收藏的重要時期。此後，四川省城高等學堂幾經變遷，匯入四川通省師範學堂，演變爲四川官立高等學校、國立成都高等師範學校、國立成都大學和國立成都師範大學，四川國學院則成爲公立四川大學中國文學院，藏書亦隨之變化。

根據光緒三十二年（1906）四川省城高等學堂統計，圖書館藏書總量近三萬五千册，其中舊學圖書共五百六十四部二萬四千零一十一册（經部一百一十六部三千零六十四册，史部一百八十三部七千二百五十八册，子部一百零四部九千一百四十六册，集部一百三十部二千七百六十二册，叢書部三十一部一千七百八十一册），新學圖書三千七百三十五部一萬零三百三十五冊、一千零六十二張（哲理部十四部三十三冊，倫理部八部十冊，政治法律部八百一十四部三千八百四十七冊，歷史部一百九十三部五百零七冊、表十張、書目十二冊，群學部六部九冊，理財學部六十九部九十七冊，文字語言部二百九十七部四百零一冊，教育部一百八十七部三百六十冊，教科部一千五百七十一部三千四百七十一冊，衛生部六部六冊，地理部八十三部二百三十五冊，算學部二十九部九十五冊，理化部六十七部二百一十八冊，醫學部十一部八十二冊，兵學部四十四部二百一十冊，外國文科學部一百四十六部二百一十六冊，雜著部一百九十部二百三十七冊，地圖部二百七十冊三百八十一張，標本金石圖畫部十九冊六百七十一張）。僅館藏光緒十六年（1890）上海同文書局影印《殿本圖書集成》和清光緒十年（1884）圖書集成局鉛印《活字本圖書集成》兩部，分別有五千零四十四冊和一千六百零二冊。

　　1922年，吳玉章到任國立成都高等師範學校校長，立即向各縣知事公署和縣修志局發函徵集各縣縣志，爲"備教者學者參考之用而宏圖書館之收藏"。1931年，國立成都大學、國立成都師範大學和公立四川大學再次合併，重組爲國立四川大學，錦江書院、尊經書院、中西學堂、存古學堂、四川國學院，諸家藏書百川匯海，規模初具。1936年，國立四川大學圖書館館藏圖書十一萬一千三百七十四冊，且將董邦達領銜繪製之《四川省山水形勝圖（四川全圖）》一百五十幅，蔣超伯著、張之洞批點之《麓漚薈錄》十四卷六冊，王闓運稿本《公羊箋》十一卷四冊和《禮記箋》六卷十冊，趙大瑄未刊之稿本《易筌》五卷五冊，浦起龍釋、張森楷批點之《史通通釋》二十卷八冊，胡廣等纂《春秋集傳大全》三十七卷三十二冊，不著撰者《荀子佚文》不分卷一冊等八種列爲

"重要及珍貴圖籍"。

1936年，國立四川大學圖書館贈送美國國會圖書館國學書籍十七部五十六冊。1941年，國立四川大學校長程天放責成圖書館主任孫心磐等整理館藏圖書舊板，"以救坊間書籍之窮"。由於經費不足，先行遴選其中"學子需用最切之書"二十五種刊成"抗戰刻本"，共計七千八百八十一冊。截至1943年1月，國立四川大學有木刻書板四萬零一百五十五片，主要源自錦江書院、尊經書院、存古學堂。可惜的是，由於各種原因，這些書板難逃毀滅的命運，目前僅保存下來二百七十片，主要有光緒二十三年（1897）所刻《趙忠節公遺墨》、清末民初所刻《荀子集解》、1918年休寧趙氏所刻《四聲切韻表》三種。

二、華西協合大學館藏古籍沿革

四川大學圖書館古籍收藏的另一重要源頭是華西協合大學圖書館。與國立四川大學圖書館藏書的發展脈絡較爲複雜不同，華西協合大學圖書館收藏的圖書來源相對比較簡單。華西協合大學辦學伊始，學生僅有十一人，且僅有《格雷解剖學》等數册外文教材可用。圖書館正式成立於1914年，初期收藏不甚豐富，且以西文書籍爲主。爲充實館藏，圖書館中文部主任程芝軒曾向羅氏好一齋商借後捐贈兩萬五千册中文古籍，以滿足教學科研的需要。校長畢啓和啓爾德等人捐置各類圖書以爲急用，現存四川大學圖書館者尚有數千册之多。

1931年，華西協合大學得到哈佛燕京學會的三十萬美元，用以發展本校東方文化研究事業。校方在息金中劃撥專項經費，用於購置圖書和設備。《華西協合大學校刊》記載，1938年暑假，圖書館中文部在北平各大書局一次性採購中文古籍一百二十多種。1945年寒假，圖書館購得大批省内外縣志，凡三十餘種，三百餘冊。截至1945年，館內收藏中文圖書十三萬七千冊。就收藏數量而言，以四川方志爲最多，凡二百六十餘種，已達一百四十二縣，爲當時全國收藏四川方志最完備者；次則爲鈔本及名人手跡，如顧印愚、李榕（申夫）、寶埍（蘭泉）等人遺墨均赫赫有名。以版本而論，館藏元代刻本兩種，明刻本三十多種。

1949年前後，華西協合大學圖書館又一次大規模收購中西文古籍，數量不下千種。最值得注意的是《大般若波羅蜜多經》，爲今天四川大學圖書館收藏的唯一的唐敦煌寫經。1951年至1952年，華西協合大學圖書館接收唐棣之、曾彥適等人所捐綫裝古籍一萬餘冊，館藏資源得到進一步擴充。

三、今日四川大學館藏古籍

1952年，隨着全國高等學校大規模的院系調整，民國時期仿效英美而構建的高校體系被改造爲主要仿效蘇聯的高校模式，獨立建制的工科院校不斷發展，綜合性院校明顯減少，私立和教會大學逐步退出歷史舞臺。經過調整，四川省內保留一所綜合性大學——四川大學。"規模宏大，學科完備"且"醫牙兩科成績特著"的華西協合大學1951年更名爲華西大學，1953年成爲醫藥衛生類專業院校——四川醫學院。原華西協合大學的博物館劃撥四川大學，中文類圖書（尤其是古籍綫裝書）隨之併入四川大學等處，奠定了今天四川大學圖書館古籍收藏的"雙子相輝"的基本格局。

1991年，四川大學圖書館編纂館藏地方志目錄，對館藏地方志進行系統清理，共收錄1949年以前編纂的地方志一千二百一十三種、一千四百一十三部。1992年，四川大學圖書館編纂館藏善本書目，參照《中國古籍善本書目》標準，收書年代以乾隆爲下限，乾隆以後之精刻、精鈔、稀見、著名學者批校題跋本以及朝鮮、日本之舊刻本亦酌情收錄，共收書一千一百四十七種。2008年，由文化部擬定，報國務院批准公佈《國家珍貴古籍名錄》。在已經公佈的五批一萬二千二百七十四部古籍中，四川大學圖書館共有四十八部入選。2010年，四川省公佈第一批《四川省珍貴古籍名錄》，四川大學圖書館共有一百二十一部古籍入選，數量雖不算多，但精品迭現。入選《國家珍貴古籍名錄》的古籍中，有唐寫本一部，宋刻遞修本兩部，元刻本兩部，明代版本三十六部，清代乾隆以前版本六部，民國稿鈔本一部。入選《四川省珍貴古籍名錄》的古籍中，有唐寫本一部，宋刻元明遞修本三部，元刻本三部，明代版本七十五部，清代版本三十七部，民國稿鈔本一部，包括刻本、活字印本、彩色套印本、彩繪本、鈐印本、批校題跋本、稿鈔本等多種形態。

其中，《大般若波羅蜜多經》卷廿二抄寫於唐末五代時期，距今已有一千多年的歷史，爲館藏年代最早的文獻。《四川全圖》係清宮舊物，乾隆年間宮廷畫師董邦達領銜繪製，覆蓋巴蜀全境一百五十府州廳縣，青綠山水，絹本彩繪，系海内孤本。以《少微通鑑節要》等爲代表的明清兩代内府刻書，字畫流暢，版式疏朗，紙墨精好且開本宏闊，具有典型的皇家氣象。《世說新語》爲明代嘉靖時期袁褧嘉趣堂刻本，呈現出典型的蘇州嘉靖本風貌，經明代居節、清代董蔗林、民國唐鴻學遞藏，且經唐氏精心批校，具有較高的學術價值。以《張允隨奏疏稿》爲代表的稿鈔本則以傳世之罕見備受關注。值得一提的是，《小學答問》爲著名國學大師章炳麟在日本講學期間講義原稿，增删批改，鉤抹塗乙，反映了章氏著述的最初面貌，而書中鈐印者李蔚芬（炳英）、向楚等均爲章門弟子，李炳英後爲國立四川大學中文系主任，向楚爲國立四川大學文學院院長、四川省教育廳廳長、國立四川大學代理校長。《小學答問》稿本反映了章黃學派在蜀中的傳播脈絡。1963年於四川理縣明墓中出土的董時明撰、明萬曆刊《三吳水利便覽》，記錄清乾隆第一次金川之役過程的程穆衡撰《金川紀略》鈔本，以及嘉慶《鄞都縣志》《資陽縣志》和清末民初《西充鄉土志》等不少志書是海內孤本或稀見之本。

學術乃天下之公器。在館藏古籍整理和開發中，四川大學圖書館編有《四川高等学堂旧藏书目表册》《國立四川大學圖書館所藏縣志一覽表》《國立四川大學圖書館所藏各省縣志（四川除外）全國名山水志一覽表》《國立四川大學圖書館方志目錄》《華西大學圖書館四川方志目錄》《四川大學圖書館古籍叢書目錄》《四川大學圖書館古籍善本目錄》《四川大學圖書館館藏四川省方志簡目》《四川大學圖書館館藏地方志目錄》《四川省高校圖書館古籍善本聯合目錄》《四川省地方志聯合目錄》《清代蜀人著述總目》等目錄，整理和再造出版《中國野史集成》《中國野史集成續編》《四川大學圖書館館藏珍稀四川地方志叢刊》《四川大學圖書館館藏珍稀四川地方志叢刊續編》《四川全圖》《芥子園畫傳》《青在堂草蟲花卉譜》《青在堂翎毛花卉譜》《林思進評點唐詩選》《初白詩鈔》《二西英華》《四川大學圖書館藏唐敦煌寫本〈大般若波羅蜜多經〉廿二》《四川大學圖書館藏〈四川省城尊經書院記〉拓本》等圖書。

四川大學圖書館館藏古籍中有少量日本、朝鮮中文古籍，另外尚有相當數量的西文古籍。根據初步統計，館藏1912年前出版的西文圖書近五千種，學科涵蓋文、理、工、醫。其中不乏1896年出版的世界史鼻祖利奧波德·馮·蘭克的《世界史》和1715年出版的法文版《動物生活——鳥類》等經典名著。意大利著名歷史學家和啓蒙思想家盧多維科·安東尼奧·穆拉托里的《意大利編年史》凡十二卷，是18世紀最重要的意大利通史。《人人圖書館叢書》（*Everyman's Library*）以"讓人人都擁有一座圖書館"爲宗旨，以每冊一先令的價格來吸引廣大讀者。這套叢書由英國人約瑟夫·登特在1906年首次出版五十種世界名著，計劃到1956年出版一千種圖書。四川大學圖書館館藏西文圖書，尤其是西文古籍，尚待進一步整理和發掘。

（党躍武　丁偉　張盛強　李詠梅）

目次 Contents

- 001　大般若波羅密多經卷廿二（國00020　省0027）……………002
- 002　通志二百卷（國00258　省0008）……………………………004
- 003　北齊書五十卷（國00426　省0014）…………………………006
- 004　南齊書五十九卷（國00471　省0011）………………………008
- 005　小學答問一卷（國00603　省0068）…………………………010
- 006　史記一百三十卷（國00637　省0076）………………………012
- 007　分類補注李太白詩二十五卷（國01026　省0030）…………014
- 008　少微通鑑節要五十卷外紀四卷資治通鑑節要續編三十卷
　　　（國01232　省0090）……………………………………………016
- 009　宋元通鑑一百五十七卷（國01346　省0091）………………018
- 010　中説十卷（國01396　省0166）………………………………020
- 011　越絶書十五卷（國01441　省0101）…………………………022
- 012　貞觀政要十卷（國01460　省0105）…………………………024
- 013　秦漢書疏十八卷（國01497　省0113）………………………026
- 014　大明一統志九十卷（國01650　省0129）……………………028
- 015　歷代史纂左編一百四十二卷（國01657　省0125）…………030
- 016　太平寰宇記二百卷目錄二卷（國01720　省0127）…………032
- 017　太平寰宇記二百卷目錄二卷（國01721　省0128）…………034
- 018　四川全圖（一名清初四川通省山川形勝全圖）一百五十幅
　　　（國01752　省0133）……………………………………………036

001

019	文獻通考三百四十八卷（國01892 省0150）	038
020	攷古正文印藪五卷（國01986 省0158）	040
021	太史史例一百卷（國02012 省0160）	042
022	蓬窗日錄八卷（國02347 省0208）	044
023	古今原始十四卷（國02393 省0212）	046
024	世說新語三卷（國02400 省0214）	048
025	初學記三十卷（國02474 省0220）	050
026	佩文齋詠物詩選四百二十五卷（國02546 省0337）	052
027	萬首唐人絕句一百一卷（國02615 省0347）	054
028	唐詩品彙九十卷唐詩拾遺十卷詩人爵里詳節一卷（國02620 省0348）	056
029	唐詩選七卷（國02626 省0350）	058
030	御選唐詩三十二卷目錄三卷（國02633 省0351）	060
031	分類補注李太白詩二十五卷分類編次李太白文五卷（國02817 省0253）	062
032	集千家注杜工部詩集二十卷杜工部文集二卷附錄一卷（國02852 省0257）	064
033	杜律單注十卷（國02878 省0261）	066
034	商文毅公集十一卷（國03490 省0298）	068
035	前漢書一百卷（國03525 省0078）	070
036	念菴羅先生集十三卷（國03701 省0307）	072
037	方山薛先生全集六十八卷（國03721 省0309）	074
038	丘隅集十九卷（國03724 省0310）	076
039	無聞堂稿十七卷附錄一卷（國03729 省0311）	078

040	蛣蜣集八卷（國03747 省0315）	080
041	選詩三卷（國03869 省0327）	082
042	西山先生真文忠公文章正宗二十四卷（國03976 省0339）	084
043	古樂府三卷（國03977 省0334）	086
044	佩觿三卷（國10150 省0066）	088
045	通鑑橐錀十卷（國10370 省0159）	090
046	重修政和經史證類備用本草三十卷（國10424）	092
047	趙清獻公文集十卷（國10619 省0271）	094
048	河東重刻陽明先生文錄五卷外集九卷別錄十卷 （國10763 省0302）	096
049	平江府磧砂延聖院大藏經（省0026）	098
050	四經合卷（省0028）	100
051	易傳八卷王輔嗣論易一卷（省0041）	102
052	周易本義十二卷易圖一卷五贊一卷筮儀一卷（省0042）	104
053	周易傳義十卷上下篇義一卷易圖集錄一卷易五贊一卷筮儀一卷 （省0044）	106
054	易筌五卷（省0049）	108
055	考工記二卷（省0055）	110
056	檀弓一卷（省0058）	112
057	春秋集傳大全三十七卷（省0062）	114
058	金石韻府五卷正韻篆五卷學古編二卷吟齋錄古四卷 （省0067）	116
059	廣韻五卷（省0069）	118
060	洪武正韻十六卷（省0072）	120

061	本韻一得二十卷（省0074）	122
062	通志二百卷（省0077）	124
063	三國志六十五卷（省0079）	126
064	宋書一百卷（省0080）	128
065	宋書一百卷（省0081）	130
066	南史八十卷（省0082）	132
067	北史一百卷（省0083）	134
068	唐書二百二十五卷釋音二十五卷（省0084）	136
069	五代史記七十四卷（省0085）	138
070	東都事略一百三十卷（省0086）	140
071	遼史一百十六卷（省0087）	142
072	金史一百三十五卷（省0088）	144
073	資治通鑑二百九十四卷（省0089）	146
074	皇朝中興小紀四十卷（省0094）	148
075	皇清開國方略三十二卷首一卷（省0095）	150
076	金川紀略四卷（省0097）	152
077	華陽國志十二卷（省0103）	154
078	全蜀土司記不分卷（省0108）	156
079	[雍正]上諭内閣一百五十九卷（省0109）	158
080	[雍正]硃批諭旨不分卷（省0110）	160
081	荊川先生右編四十卷（省0112）	162
082	張允隨奏疏稿不分卷（省0115）	164
083	伊洛淵源續錄六卷（省0119）	166
084	海虞錢氏家乘二卷（省0123）	168

085	[道光]鄰水縣志四卷首一卷（省0135）	170
086	通典二百卷（省0148）	172
087	五代會要三十卷（省0151）	174
088	六子全書六十卷（省0162）	176
089	大學衍義四十三卷（省0167）	178
090	日知薈説四卷（省0170）	180
091	劉止唐先生手稿不分卷（省0171）	182
092	欽定儀象考成三十卷首二卷（省0189）	184
093	庚子銷夏記八卷附閒者軒帖考一卷（省0193）	186
094	丹鉛總錄二十七卷（省0209）	188
095	聊齋志異十二卷（省0218）	190
096	唐宋白孔六帖一百卷目錄二卷（省0222）	192
097	錦繡萬花谷前集四十卷後集四十卷續集四十卷別集三十卷（省0226）	194
098	新編事文類聚翰墨全書甲集十二卷乙集十八卷丙集十二卷丁集十四卷戊集五卷己集十二卷庚集二十四卷辛集十卷壬集十二卷癸集十一卷（省0228）	196
099	淵鑑類函四百五十卷目錄四卷（省0230）	198
100	五燈會元二十卷（省0233）	200
101	老子道德真經二卷音義一卷（省0236）	202
102	莊子南華真經四卷音義四卷（省0238）	204
103	道藏五千三百五卷（省0239）	206
104	杜詩鏡銓二十卷年譜一卷附錄一卷（省0263）	208
105	蘇長公小品四卷（省0283）	210

編號	書名	頁碼
106	鳥鼠山人小集十六卷後集二卷可泉擬涯翁擬古樂府二卷擬漢樂府八卷補遺一卷（省0304）	212
107	滄溟先生集三十卷附錄一卷（省0312）	214
108	中川遺藁三十三卷（省0317）	216
109	味餘書室全集定本四十卷隨筆二卷（省0322）	218
110	文苑英華一千卷（省0331）	220
111	玉臺新詠十卷（省0332）	222
112	樂府詩集一百卷目錄二卷（省0333）	224
113	詩紀一百三十卷前集十卷外集四卷別集十二卷（省0335）	226
114	御定歷代題畫詩類一百二十卷（省0338）	228
115	古文淵鑒六十四卷（省0344）	230
116	宋文鑑一百五十卷目錄三卷（省0353）	232
117	御訂全金詩增補中州集七十二卷首二卷（省0354）	234
118	皇明經濟文錄四十一卷（省0355）	236
119	劍閣芳華集二十卷附原目一卷（省0357）	238
120	詩人玉屑二十卷（省0363）	240
121	草堂詩餘五卷（省0367）	242
122	抱蘭軒叢書（省0373）	244

編輯說明……………………………………246

001 大般若波羅密多經卷廿二

（國00020　省0027）

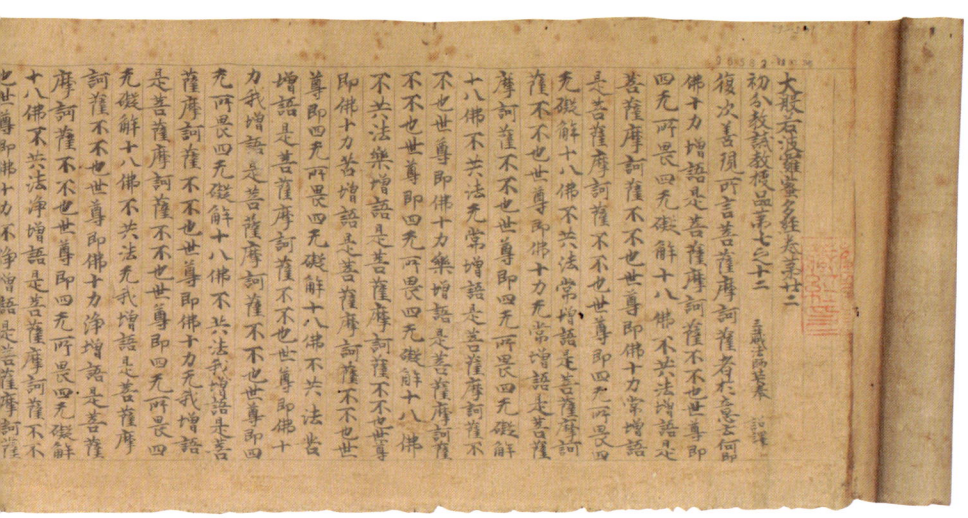

（唐）釋玄奘譯，唐寫本，一軸。共五百三十五行，行十七字，楷書。卷軸通長919.7釐米，高25.6釐米，由二十一張紙拼接而成。鈐有"報恩寺藏經印"朱印和"三界寺藏經"墨印。

玄奘（602—664），俗姓陳，河南偃師（或作陳留、緱氏）人，唐代高僧，世稱三藏法師。《大般若波羅密多經》，簡稱"大波若經"，大乘佛教般若類經典彙編。全書共六百卷，爲玄奘自唐高宗顯慶五年（660）至龍朔三年（663）譯成。本館所藏爲該經第二十二卷，首尾俱全，品相完好，爲館藏年代最早的文獻。

002 通志二百卷（國00258 省0008）

（宋）鄭樵撰，元大德三山郡庠刻元明遞修本，一百六十冊。半葉九行，行二十一字，小字雙行同，白口，雙對黑魚尾，左右雙邊，版心記本板大小字數。板框28.7釐米×20.2釐米，開本33釐米×23.3釐米。元至治元年（1321）吳繹《通志疏》後有"至治二年九月印造"印記，元明兩代遞修補板在版心上方記補板年號。鈐有"華西大學圖藏"朱印。

鄭樵（1104—1162），字漁仲，自號西溪逸民，興化軍莆田（今福建莆田）人。曾任樞密院編修，世稱夾漈先生。《通志》包括帝紀、皇后列傳、年譜、略、列傳諸部，其中二十略最爲後世推崇，存世最早者即爲元大德三山郡庠刻本。館藏此本字體遒勁，雖經元明兩代補板，仍可據此略見元代官刻官印書籍風貌。

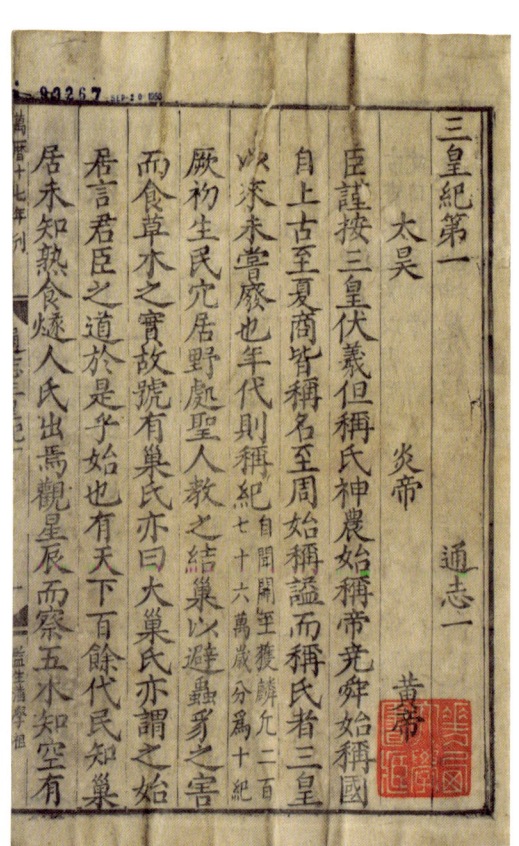

003 北齊書五十卷（國00426　省0014）

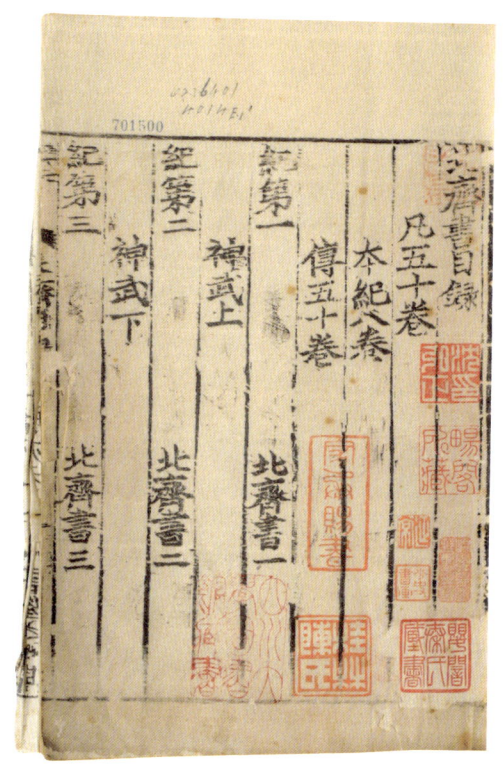

（唐）李百藥撰，宋刻宋元明遞修本，十二册。半葉九行，行十八字，偶有十七字、十九字，小字雙行二十字，細黑口，單黑魚尾，左右雙邊，版心記本板字數和刻工姓名。板框22.8釐米×18.9釐米，開本29.8釐米×20.6釐米。鈐有"嬰闇秦氏臧書""少史書畫""暘閣所藏""家承賜書""崑山葛鼐臧書之印""延常""沈弘正印""桂林陳氏""潘氏伯明"等印。曾爲明萬曆年間嘉定沈弘正、崑山葛鼐舊藏。

李百藥（565—648），字重規，定州安平（今屬河北）人，歷仕隋、唐兩朝，諳熟典籍，能文善敘，事蹟見新、舊《唐書》本傳。《北齊書》爲紀傳體斷代史"二十四史"之一，包括帝紀八卷，列傳四十二卷，記述東魏孝靜帝天平元年（534）至北齊幼主高恒承光元年（577）的歷史。《北齊書》存世最早者，世稱"蜀大字本"，宋元明三代屢經補修，亦稱"三朝本"。

004 南齊書五十九卷（國00471 省0011）

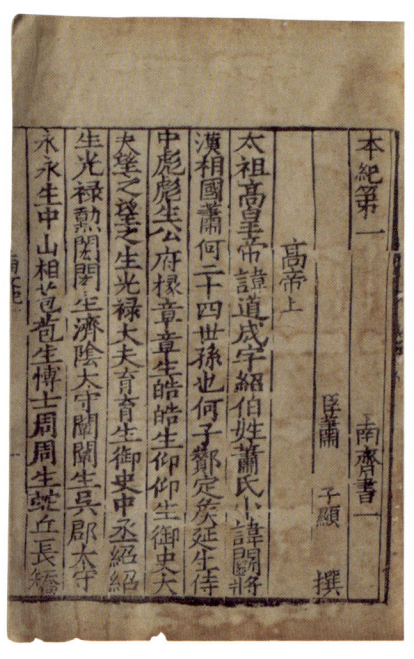 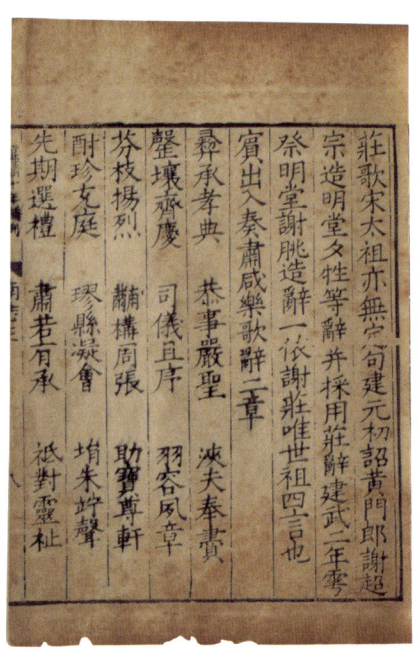

　　（南朝梁）蕭子顯撰，宋刻元明遞修本，十六冊。半葉九行，行十八至十九字，小字雙行不等，白口黑口兼有，左右雙邊，版心記本板字數及刻工姓名。板框22.3釐米×18.7釐米，開本29.4釐米×22.5釐米。

　　蕭子顯（489—537），字景陽，南朝蕭梁宗室，博學多識，長於撰史，事蹟見《梁書》本傳。《南齊書》為紀傳體斷代史"二十四史"之一，包括帝紀八卷，志十一卷，列傳四十卷，記述南齊高帝建元元年（479）至和帝中興二年（502）的歷史。《南齊書》存世最早者，世稱"蜀大字本"，宋元明三代屢經補修，亦稱"三朝本"。

005 小學答問一卷（國00603　省0068）

章炳麟撰，稿本，一冊。半葉十行，滿格行二十一字，白口，單魚尾，四周雙邊，藍格稿紙抄寫。板框19.2釐米×13.2釐米，開本23.7釐米×16.3釐米。鈐有"巴縣黃氏收藏之印信""堅白室""向楚之印""李蔚芬印""陳嗣煌印""國立四川大學圖書館藏"等印。

章炳麟（1869—1936），初名學乘，字枚叔，後易名絳，號太炎，浙江餘杭人。早年致力於民主革命，晚年以學問見重於世。《小學答問》係章炳麟在日本講學期間所作，全書以問答方式對"天""蘇""艾"等百餘字進行專題講述。館藏此本爲章氏手稿，鈐有印記的陳嗣煌、李蔚芬（炳英）、向楚均爲章門弟子，其中李蔚芬曾任國立四川大學文學院中文系主任，向楚曾任四川省教育廳廳長、國立四川大學文學院院長、國立四川大學代理校長等職。

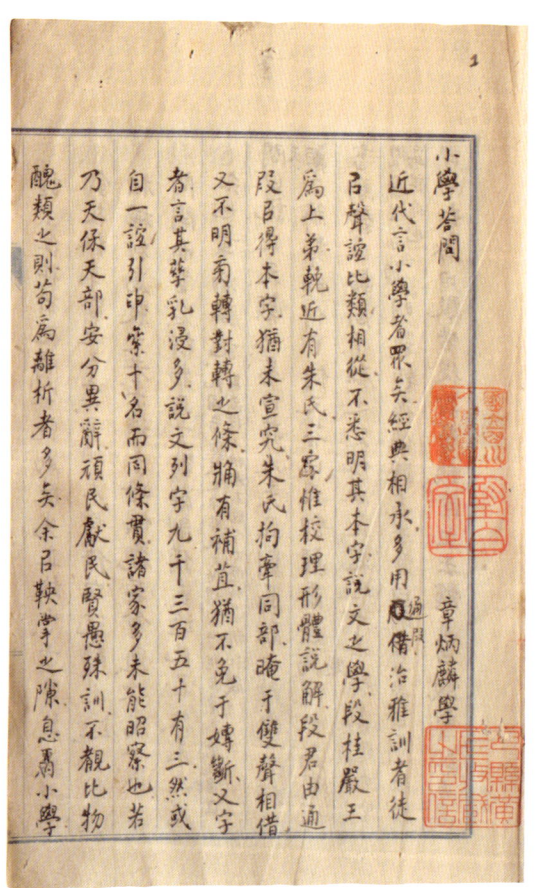

006 史記一百三十卷（國00637 省0076）

（漢）司馬遷撰，（南朝宋）裴駰集解，（唐）司馬貞索隱，（唐）張守節正義，明嘉靖十三年（1534）秦藩鑒抑軒刻、二十九年（1550）重修本，二十四冊。半葉十行，行十八字，小字雙行二十三字，白口，單白魚尾，左右雙邊，版心記刻工姓名。板框20.7釐米×13.2釐米，開本30釐米×16.5釐米。鈐有"槐里高曰牧庋藏圖書""廣川裔董氏珍藏""華西大學圖書館珍藏"等印。有康熙間高曰牧題記並批注。

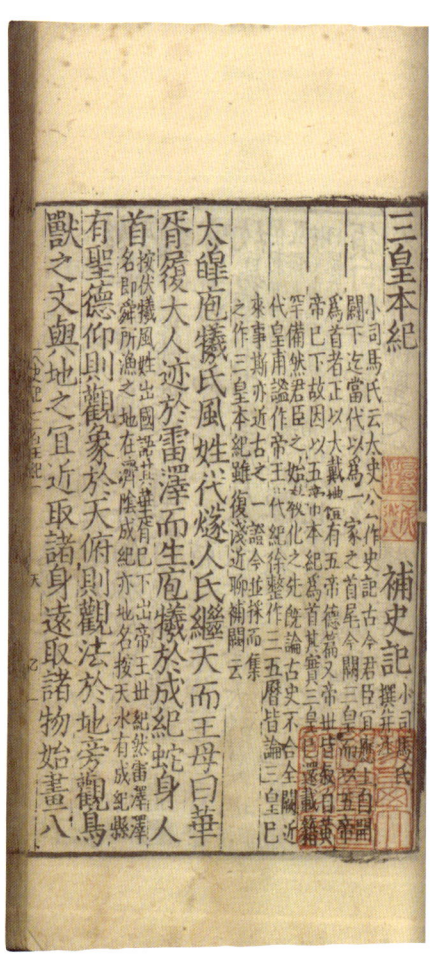

司馬遷（約前145—約前89），字子長，左馮翊夏陽（今陝西韓城）人，官至太史令。《史記》是中國第一部紀傳體通史，有"史家之絕唱，無韻之離騷"之譽。鑒抑軒爲明代秦藩定王朱惟焯室名。朱惟焯，弘治十四年（1501）襲封，嘉靖二十三年（1544）薨，史稱"有賢行"。其所刻《史記》係據宋建安黃善夫本重刊，版心刻《千字文》以別冊次，自"天"至"往"凡二十字，爲明代藩府刻書之代表。

007 分類補注李太白詩二十五卷

（國01026　省0030）

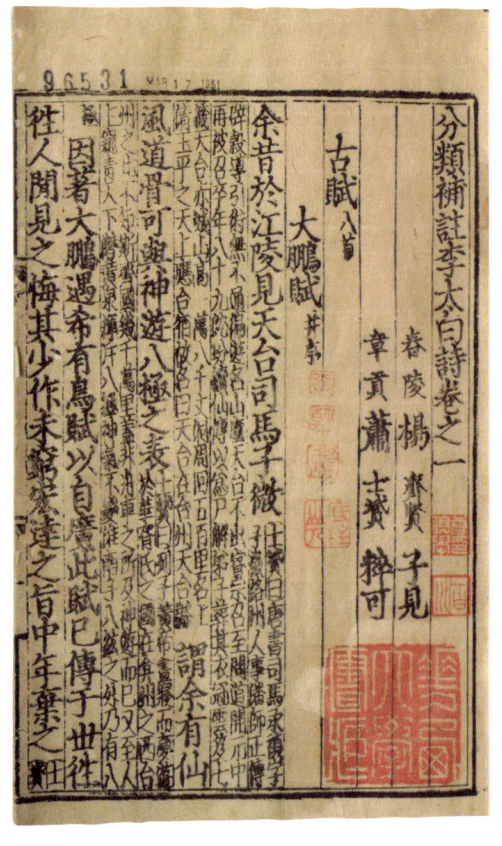

（唐）李白撰，（宋）楊齊賢集注，（元）蕭士贇補注，元建安余氏勤有堂刻本，十六册。半葉十二行，行二十字，小字雙行二十六字，細黑口，雙順黑魚尾，四周雙邊，版心記本板字數。目錄末刻牌記"建安余氏/勤有堂刊"，目錄版心刻"至大辛亥三月印"。板框19.8釐米×13.3釐米，開本23釐米×15.9釐米。鈐有"底柱山人""唐鴻學印""百川"等印。

李白（701—762），字太白，號青蓮居士。楊齊賢（生卒年不詳），字子見，春陵（今湖南寧遠）人，南宋慶元五年（1199）進士，官通直郎。蕭士贇（生卒年不詳），字粹可，號粹齋，寧都（今屬江西）人。建安余氏勤有堂刻本《分類補注李太白詩》是李白詩集現存最早的分類集注本。建安余氏刻書始於北宋，南宋余仁仲萬卷堂、元余志安勤有堂爲其最著者。

008 少微通鑑節要五十卷外紀四卷資治通鑑節要續編三十卷

（國01232　省0090）

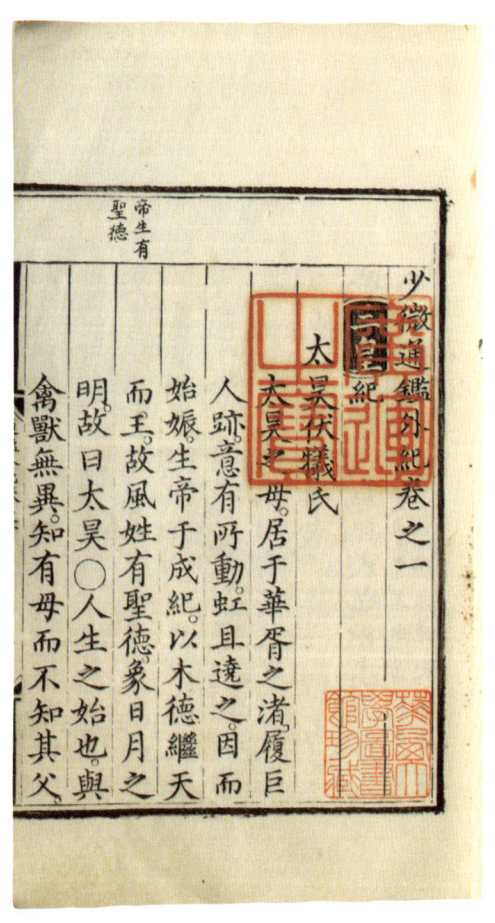

少微通鑑節要五十卷外紀四卷，（宋）江贄撰，資治通鑑節要續編三十卷，（明）劉剡續編，明正德九年（1514）司禮監刻本，四十冊。上下兩欄，半葉九行，行十五字，小字雙行同，黑口，雙對黑魚尾，四周雙邊。板框22.7釐米×15.9釐米，開本32.2釐米×19.8釐米。鈐有"廣運之寶""皖水吳氏伯眉甫鑒藏圖書印""怡怡堂吳氏伯仲校藏"等印。

江贄（生卒年不詳），字叔圭，賜號少微先生，建州崇安（今屬福建）人。劉剡，生平仕履不詳。此書係江贄據司馬光《資治通鑑》刪節而成，明代劉剡續編。正德年間，武宗偶檢《少微節要》，悅之，因命司禮監重刻。《少微通鑑節要》為館藏明代內府刻書之代表。

009 宋元通鑑一百五十七卷

（國01346　省0091）

　　（明）薛應旂撰，明嘉靖四十五年（1566）刻本，四十冊。半葉十行，行二十字，小字雙行同，白口，單黑魚尾，四周單邊，版心記刻工姓名。板框20釐米×14.4釐米，開本26.5釐米×17.2釐米。鈐有"張之傑印""春洲""張氏學福齋藏書""子孫永寶""暨陽張芙堂父珍藏""國立四川大學圖書館藏"等印。

　　薛應旂（1500—1574），字仲常，常州府武進（今屬江蘇）人。嘉靖十四年（1535）進士，官至山西按察司副使。事蹟見《明儒學案》。此書爲薛應旂續司馬光《資治通鑑》之作，以編年體記述宋、元兩朝歷史。錢大昕《十駕齋養新錄》卷十三："薛方山《宋元通鑑》意在推崇道學，而敘事多疏漏，其年月率不可信。"此書之刻，字體嚴整，代表嘉靖時期蘇州、常州一帶典型的刻書風貌。

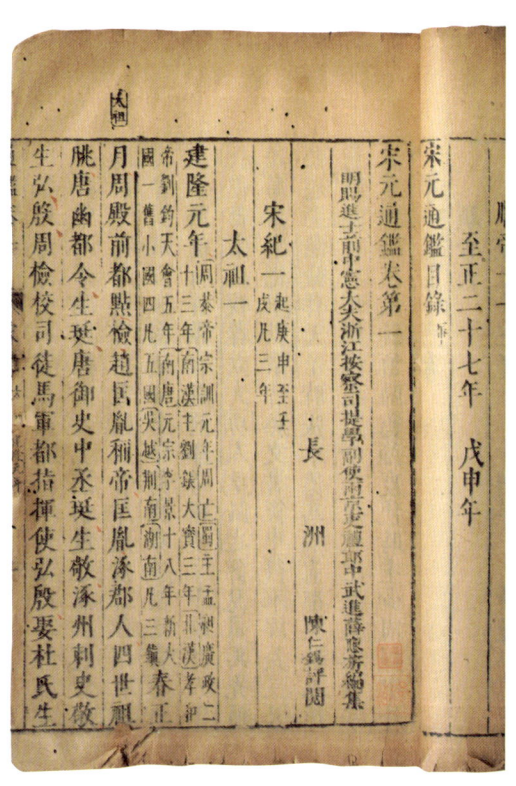

010 中說十卷（國01396 省0166）

（隋）王通撰，（宋）阮逸注，明初刻本，二册，金鑲玉裝。半葉十一行，行二十一字，小字雙行二十五字，黑口，雙順黑魚尾，四周雙邊，有書耳，版心記本板字數。板框17.9釐米×12釐米，開本27.1釐米×15.5釐米。鈐有"華西大學圖書館珍藏""樂嘉荃鑑賞印""陳棨""景文閣""夢泉山館""衡山秘笈"等印。有謝無量觀款。

王通（584—617），字仲淹，河東郡龍門（今山西河津）人。以儒學道統自任，房玄齡、魏徵等嘗從之學，殁後門人私諡"文中子"。阮逸，北宋人，生平仕履不詳。《中說》系王通家人、弟子記述其言行而成，與《論語》相類。

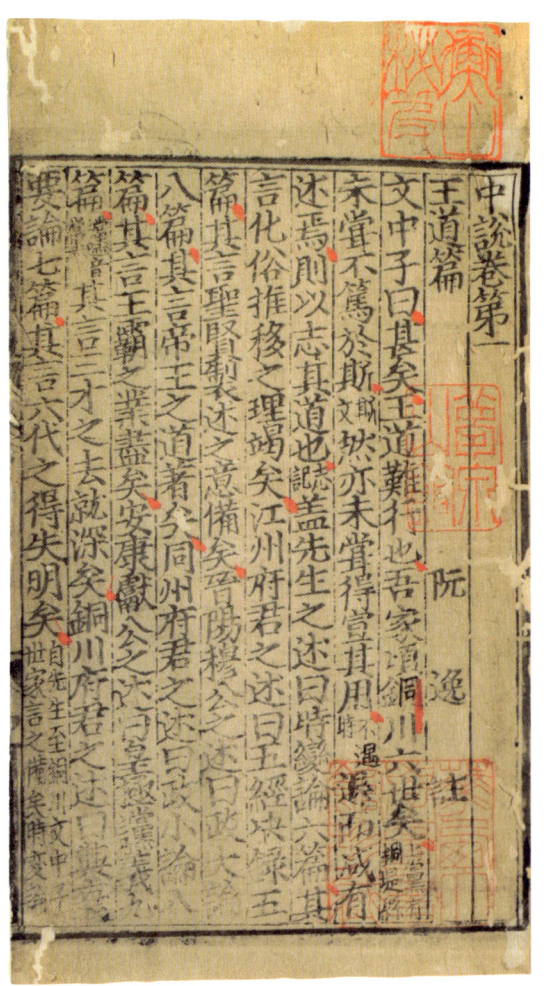

011 越絕書十五卷（國01441 省0101）

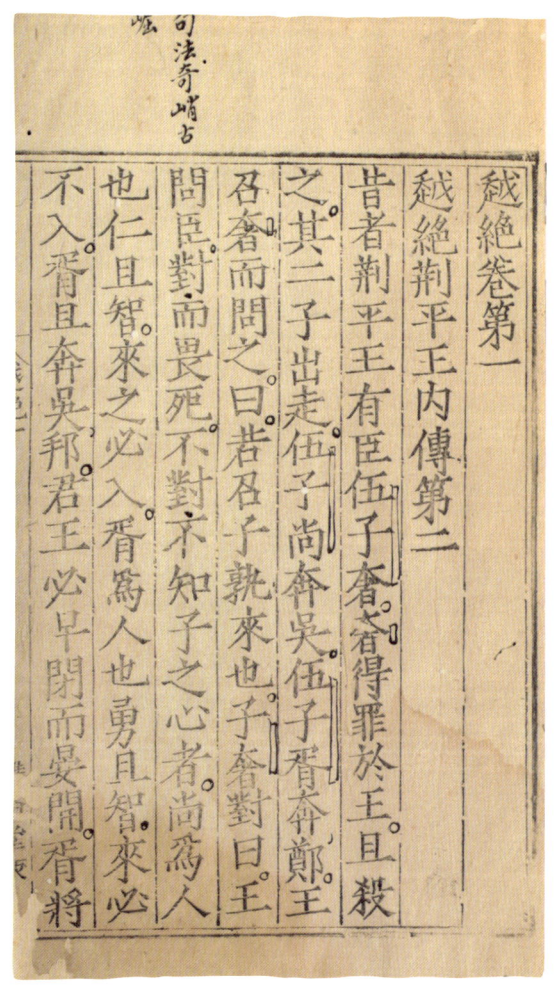

《四庫全書》不著撰人姓名，明嘉靖三十三年（1554）張佳胤雙柏堂刻本，四冊。半葉八行，行十七字，白口，單白魚尾，四周雙邊，版心下方刻"雙柏堂版"。板框20.6釐米×14.2釐米，開本30釐米×17.3釐米。鈐有"華西協合大學哈佛燕京學社"印。有佚名批注。

《越絕書》所記爲春秋至秦漢時期吳越地區歷史。館藏《越絕書》刊刻者張佳胤（1526—1588），字肖甫，號居來山人，重慶府銅梁縣（今重慶銅梁）人。嘉靖二十九年（1550）進士，明嘉靖、隆慶年間文壇"後七子"之一。

012 貞觀政要十卷（國01460 省0105）

（唐）吳兢撰，（元）戈直集論，明成化十二年（1476）崇府刻本，六册。半葉十行，行二十字，小字雙行同，黑口，雙對黑魚尾，四周雙邊。

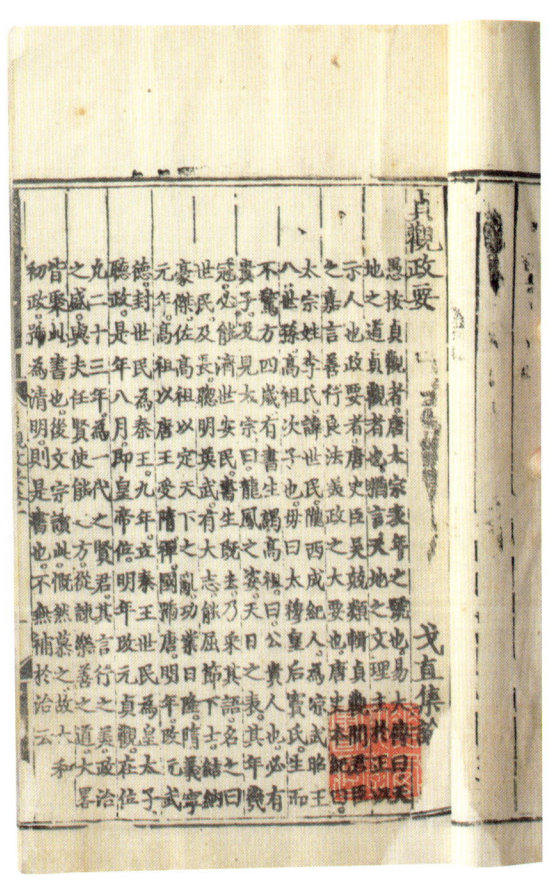

板框26.5釐米×18.5釐米，開本34.5釐米×20.1釐米。卷十末刻牌記"成化丙申/崇府重刊"。鈐有"華西大學圖藏"印。有佚名批注。

吳兢（670—749），汴州浚儀（今屬河南）人。事蹟見新、舊《唐書》本傳。吳兢於《太宗實錄》外採太宗與群臣對答之語，作爲此書，以備觀戒。《四庫全書總目》稱其"敘事簡核"，"然太宗爲一代令辟，其良法善政、嘉言懿行，臚具是編，洵足以資法鑒。"崇藩，始封於明英宗第六子朱見澤，成化十年（1474）就藩，封地在今河南汝南。

013 秦漢書疏十八卷（國01497 省0113）

《中國古籍善本書目》不具編者姓名，明嘉靖三十七年（1558）吳國倫刻本，十二冊。半葉十行，行二十字，中字單行、小字雙行同大字，白口，單白魚尾，四周單邊。板框21.3釐米×14.8釐米，開本25.8釐米×16.8釐米。有佚名批注。

《秦漢書疏》爲秦漢名臣奏疏彙編，本館藏本存十五卷，包括《西漢書疏》六卷、《東漢書疏》九卷。刊刻者吳國倫（1524—1593），字明卿，號川樓，武昌府興國州（今湖北陽新）人。嘉靖二十九年（1550）進士，明嘉靖、隆慶年間文壇"後七子"之一。

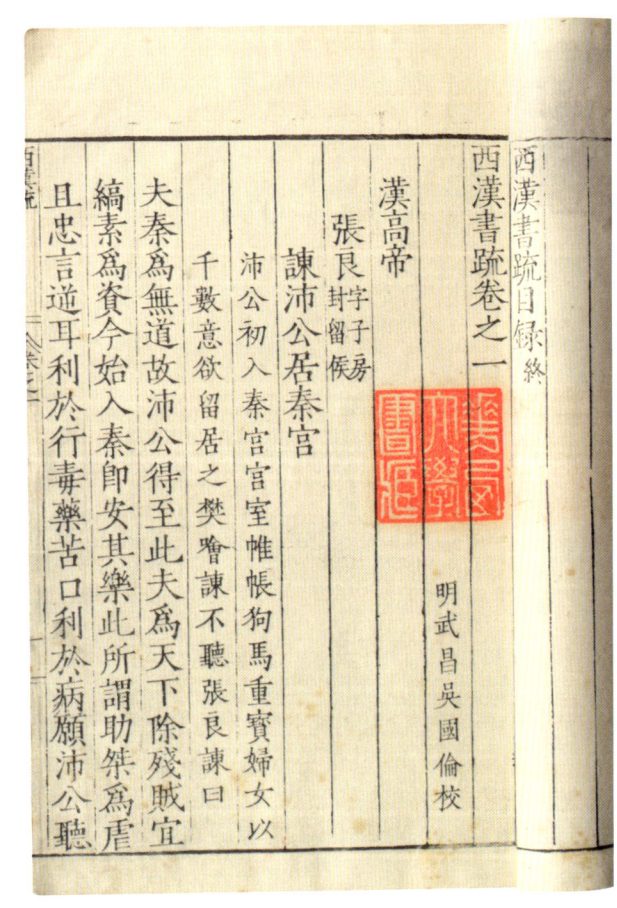

014 大明一統志九十卷（國01650 省0129）

（明）李賢等纂修，明天順五年（1461）內府刻本，四十冊。半葉十行，行二十二字，小字雙行同，黑口，花魚尾，四周雙邊。板框26.7釐米×17.9釐米，開本35釐米×20.8釐米。鈐有"嚴氏孝義家塾藏書""谷聲藏書""賁園書庫""渭南嚴氏""嚴谷聲""華西大學圖書館珍藏"等印。

李賢（1409—1467），字原德，鄧州（今屬河南鄧州）人。宣德八年（1433）進士，官翰林學士，知經筵事，卒諡文達。事蹟見《明史》本傳。明景泰初年，景帝下詔修志，景泰七年（1456）成書，名曰《寰宇通志》。即將頒行天下，適逢英宗復辟，遂遭毀版。英宗復敕修《大明一統志》，天順五年（1461）成書，由內府刊播天下。館藏此本曾經渭南嚴氏賁園書庫收藏。渭南嚴雁峰、嚴式誨父子是近代蜀中最有名氣的藏書家，藏書以精、善、富著稱。

015 歷代史纂左編一百四十二卷

（國01657　省0125）

（明）唐順之輯，明嘉靖四十年（1561）胡宗憲刻本，部分葉次有墨筆鈔配，九十冊。半葉十行，行二十字，白口，單白魚尾，四周單邊，版心記本板字數及刻工姓名。板框21.3釐米×14.4釐米，開本26.9釐米×17釐米。鈐有"浣月齋程氏臧書印""休陽程芝華印""字曜春號夢裳又號小辰""華大中國文學系圖書館"等印。存一百二十五卷（卷三至八十七、卷一百三至一百四十二）。

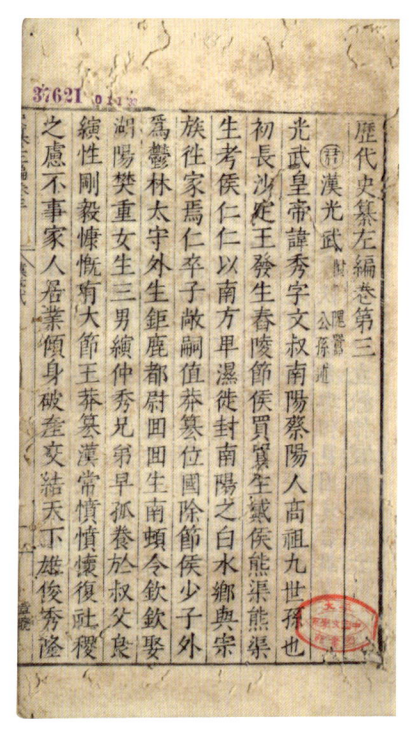

唐順之（1507—1560），字應德，一字義修，常州府武進縣（今屬江蘇）人。嘉靖八年（1529）進士，官至右僉都御史。曾與胡宗憲在浙江協同抗倭。天啟中追諡襄文。事蹟見《明史》本傳。唐順之於學無所不窺，盡取古今載籍，割裂補綴，區分部居，編爲左、右、文、武、僧、稗六編。《歷代史纂左編》所載爲歷代君臣事蹟，旨在"明千古興衰治亂之跡，以資借鑒"。嘉靖三十九年（1560），唐順之去世，次年胡宗憲即主持刊刻其遺著《歷代史纂左編》。

016 太平寰宇記二百卷目錄二卷

（國01720 省0127）

（宋）樂史撰，清乾隆三十二年（1767）樂氏活字本，六十三冊。半葉九行，行二十二字，白口，單黑魚尾，四周單邊。板框21.4釐米×14.2釐米，開本26.5釐米×16.3釐米。存一百九十一卷（卷一至三、卷五至一百一十二、卷一百二十至一百九十七、目錄二卷）；卷四、卷一百一十三至一百一十九爲原缺，未刻。

樂史（930—1007），字子正，撫州宜黃（今屬江西）人。太平興國五年（980）進士，知陵州，有文辭，好著述，擢著作郎，召爲三館編修，遷太常博士。《四庫全書總目》曰："宋太宗時始平閩越并北漢，史因合輿圖所隸，考尋始末，條分件繫，以成此書。始於東京，迄於四裔。""其書採摭繁富，惟取賅博……蓋地理之書，記載至是書而始詳，體例亦自是而大變。"館藏此本活字排印，爲本館最早的木活字文獻。

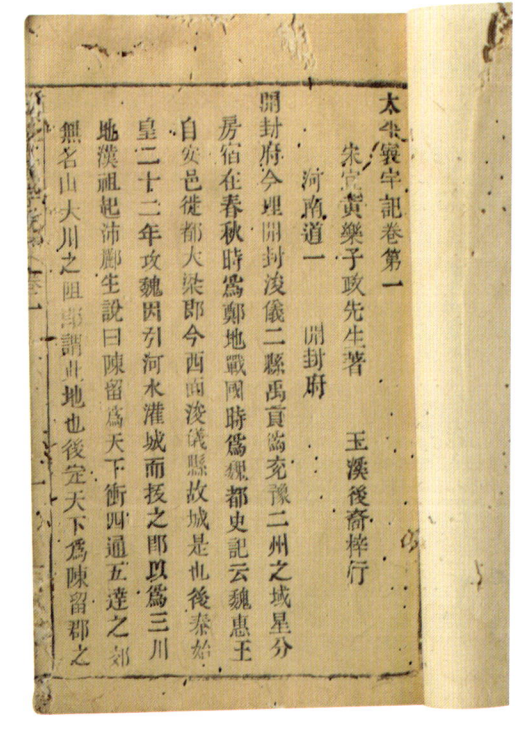

017 太平寰宇記二百卷目錄二卷

（國01721　省0128）

（宋）樂史撰，清乾隆三十二年（1767）樂氏活字本，七十七册。半葉九行，行二十二字，白口，單黑魚尾，四周單邊。板框21.4釐米×14.2釐米，開本26.5釐米×16釐米。存一百八十四卷（卷一至三、卷五至一百一十、卷一百十二、卷一百二十至一百四十一、卷一百四十八至一百九十八、目錄一卷）；卷四、卷一百一十三至一百一十九原缺，未刻。

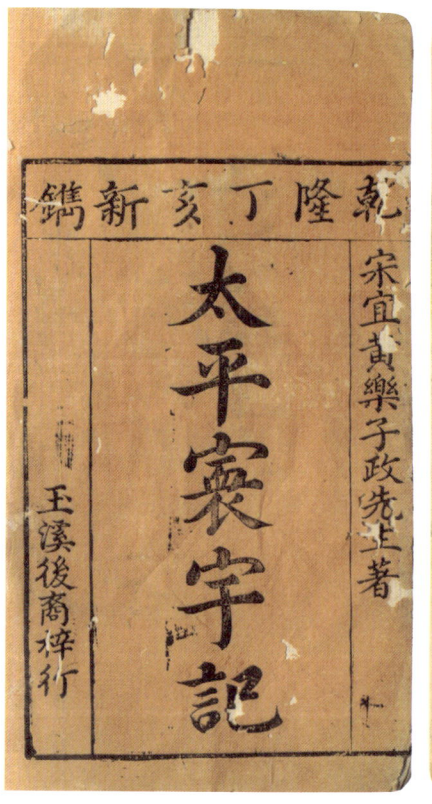 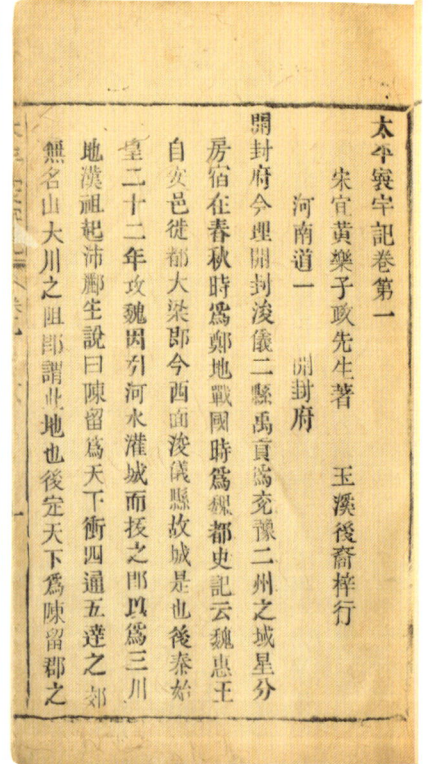

018 四川全圖（一名清初四川通省山川形勝全圖）一百五十幅

（國01752　省0133）

（清）董邦達等繪，清乾隆彩繪本，一百五十幅，絹本。畫芯尺寸40.5釐米×47.7釐米，裱件尺寸46釐米×51釐米。鈐有"國立四川大學圖書館藏"朱印。有民國二十年（1931）梁正麟跋、民國二十二年（1933）黎澍跋，爲本館現存最早的四川彩色輿圖。

董邦達（1696—1769），字孚存，一字非聞，號東山，浙江富陽人。雍正十一年（1733）進士，官至禮部尚書。事蹟見《清史稿》本傳。《四川全圖》爲乾隆年間董邦達領銜繪製，涵蓋川省所轄近一百六十餘州、府、廳、縣，詳標縣域山川關隘、城郭衙署、糧倉武備，初考爲清軍用兵金川時之軍事地圖。此圖原藏清宮大內，八國聯軍入侵北京之後始流落民間，曾經嵩犢山、廖勁伯遞藏。

019 文獻通考三百四十八卷

（國01892　省0150）

（元）馬端臨撰，明嘉靖三年（1524）司禮監刻本，一百零一冊。半葉十行，行二十字，小字雙行同，上下黑口，雙對黑魚尾，四周雙邊。板框25.6釐米×17.6釐米，開本34釐米×19.8釐米。鈐有"華西協合大學圖書館"朱印。

馬端臨（約1254—1323），字貴與，號竹洲，饒州樂平（今屬江西）人。《文獻通考》博採衆家，徵引宏富，旨在"融會錯綜，原始要終"，以究"變通張弛之故"，爲記述歷代典章制度之集大成者。此書於嘉靖三年（1524）由司禮監開雕，亦屬明代內府刻書之代表。

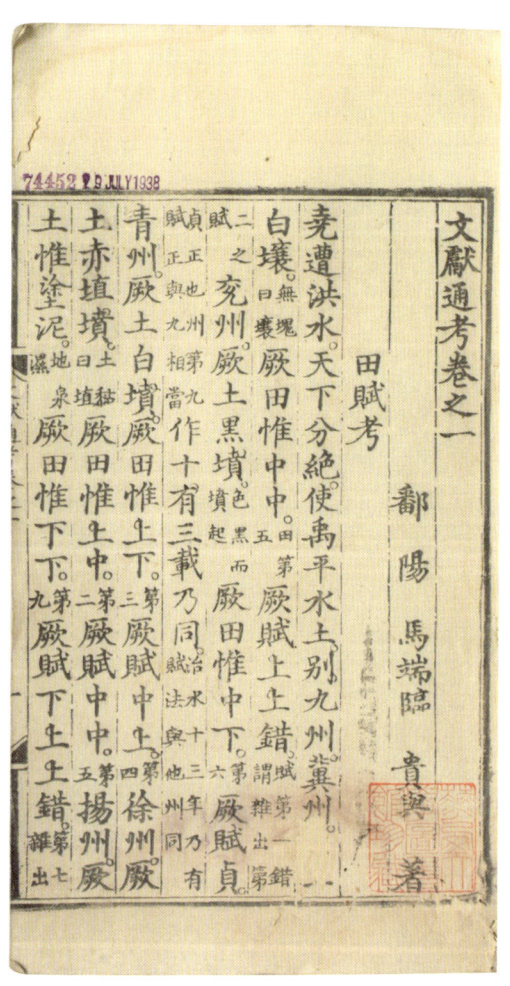

020 攻古正文印藪五卷（國01986 省0158）

（明）張學禮等輯，明萬曆鈐印本，四冊。半葉六行，行二十字，白口，四周單邊。板框19.8釐米×11.5釐米，開本24釐米×15.3釐米。鈐有"東湖""千里""康""千里長壽""康炳坤印""康培龍印""忠恕堂守藏印""六悔盦""雲從"等印。曾經華陽康千里收藏，爲本館館藏年代最早的印譜。

張學禮（生卒年不詳），字誠甫，號中和道人，江都（今屬江蘇揚州）人。喜收藏，家蓄古印七千餘鈕。《攻古正文印藪》係張學禮自家藏古印中精選三千餘方，由篆刻名家何雪漁、吳嶺南等人摹刻，歷時近二十載，於萬曆十七年（1589）鈐印成書。

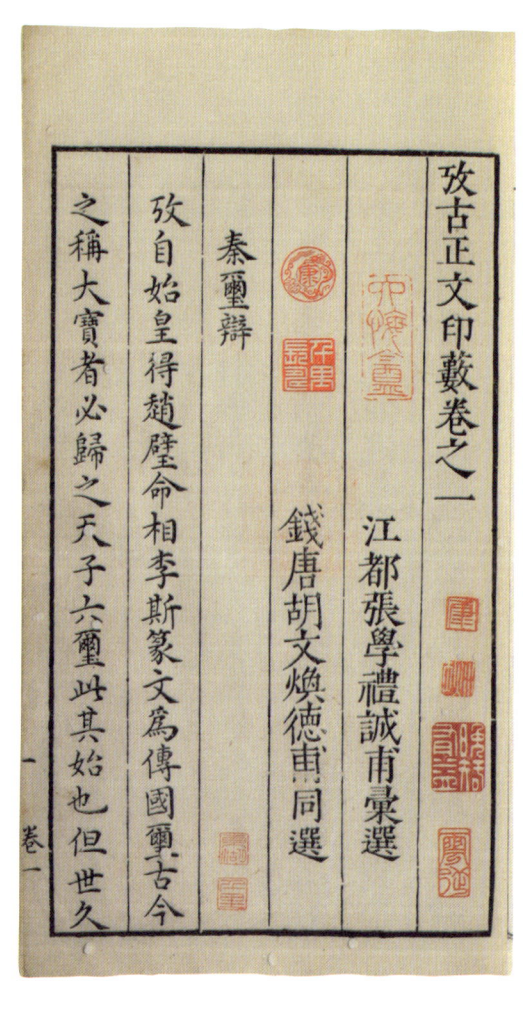

021 太史史例一百卷（國02012 省0160）

（明）張之象輯，明嘉靖四十四年（1565）長水書院刻本，三十冊。半葉十行，行十八字，小字雙行同，白口，雙對黑魚尾，左右雙邊。板框18.2釐米×14釐米，開本27.9釐米×17.6釐米。書末有豎長方形牌記"嘉靖乙丑孟夏/長水書院刊行"。鈐有"饕叟黃循珍藏金石書畫""華西大學圖藏"二印。

張之象（1507—1587），字月鹿，又字玄超，松江華亭（今屬上海）人。嘉靖中曾任浙江按察司知事。事蹟見《明史》本傳。《太史史例》旨在尋繹《史記》體例，分類標列爲二百八十九例，摘其文以繫於各類之後。

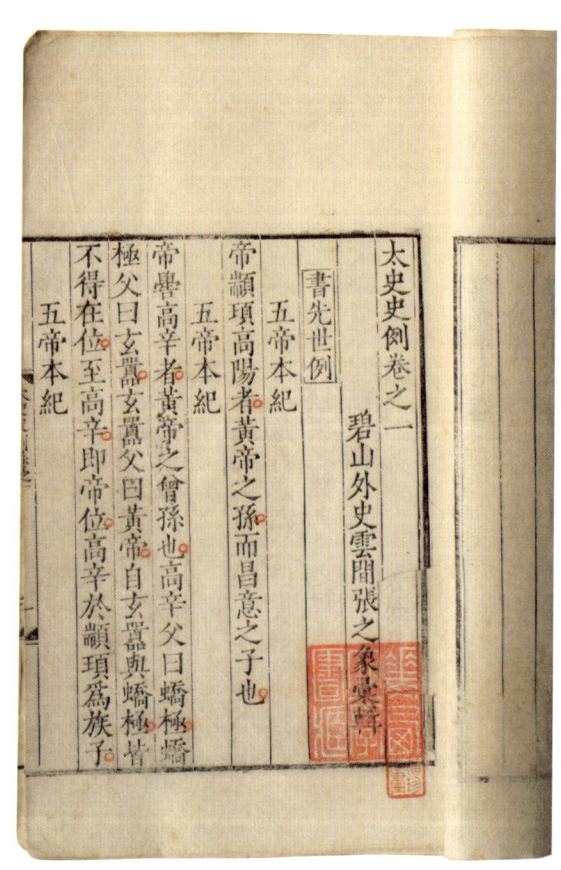

022 蓬窗日錄八卷（國02347 省0208）

（明）陳全之撰，明嘉靖四十四年（1565）山西刻本，八冊。半葉十一行，行二十一字，小字雙行不等，白口，雙對黑魚尾，四周雙邊。板框21.8釐米×15.2釐米，開本28.7釐米×18.2釐米。鈐有"宛平王氏家藏""慕齋鑒定""金吉室李氏家藏""華西大學圖書館珍藏"等印。

陳全之（1512—1580），字粹仲，閩縣（今屬福建閩侯）人。嘉靖二十三年（1544）進士，官至山西右參政。《蓬窗日錄》編於嘉靖十九年至嘉靖三十年（1540—1551），係陳全之鈔撮群書而成。全書八卷，分寰宇、世務、事紀、詩談四門，為陳氏居官山西期間所刻。

023 古今原始十四卷（國02393　省0212）

　　（明）趙釴撰，明嘉靖四十一年（1562）刻本，四冊。半葉九行，行十八字，小字雙行同，白口，單黑魚尾，左右雙邊，版心下方記刻工姓名。板框18.6釐米×13.5釐米，開本27.4釐米×17.6釐米。鈐有"國立四川大學圖書館藏"朱印。有朱、墨筆批校，責任者不詳。

　　趙釴（1512—1569），字子舉，一字鼎卿，別號八柱野人，安徽桐城人。嘉靖二十三年（1544）進士，官至右僉都御史、巡撫貴州。《四庫全書總目》稱此書旨在"考究事始，提綱列目"，然其"採摭繁蕪，漫無別擇。又多不注所出"。

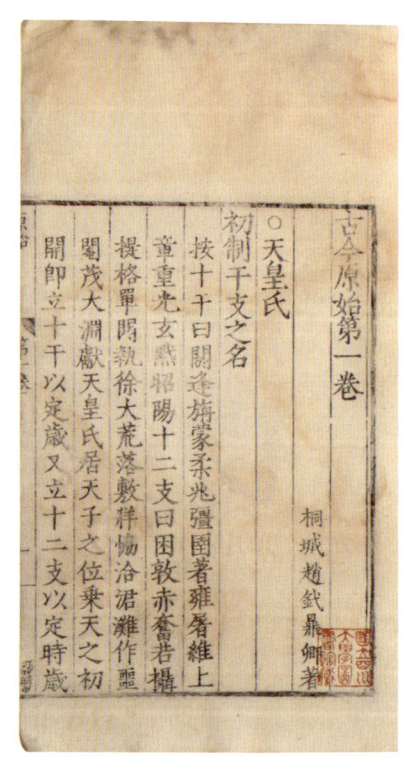

024 世說新語三卷（國02400 省0214）

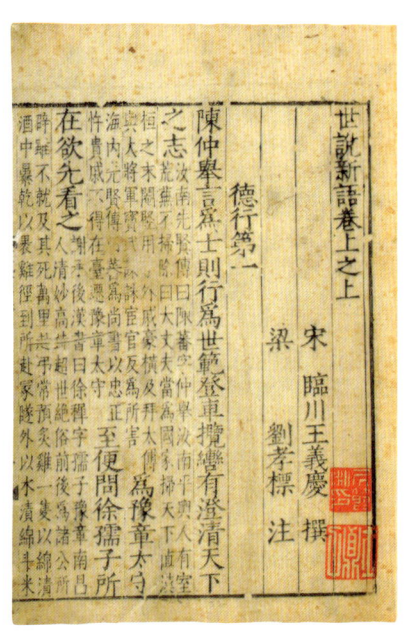

（南朝宋）劉義慶撰，（梁）劉孝標注，明嘉靖十四年（1535）袁褧嘉趣堂刻本，六冊。半葉十行，行二十字，小字雙行同，白口，雙對黑魚尾，左右雙邊。板框20釐米×15.2釐米，開本28.9釐米×18.8釐米。鈐有"居節印""士鼎子""居節私印""富春董氏收藏書畫記""蔗林珍賞""大關唐瑀學收集圖書""嗜好與俗殊酸鹹""怡蘭堂""百川""鴻學審定""唐百川手校印""寶勤堂書畫印""寒翠軒"等印。有隆慶元年（1567）居節題記，唐鴻學批校、題跋。館藏此本爲明嘉靖年間袁褧據陸游刊本重刻，曾經明代居節、清代董蔗林、民國唐鴻學遞藏，且有唐鴻學撰校記。

劉義慶（403—444），南朝劉宋宗室子弟，《宋書》稱其"性簡素，寡嗜欲，愛好文義，才詞雖不多，然足爲宗室之表"。劉孝標（462—521），名峻，南朝梁文學家，平原（今屬山東）人。《世說新語》記載漢末至東晉士族階層的逸聞軼事，劉孝標爲其作注，精審詳贍，被尊爲注疏典範。《四庫全書總目》稱劉注"糾正義慶之紕繆，尤爲精核。所引諸書，今已佚其十之九，惟賴是注以傳。故與裴松之《三國志注》、酈道元《水經注》、李善《文選注》同爲考證家所引據"。明代嘉靖年間，蘇州袁褧嘉趣堂刻書以精善著名，所刻《世說新語》向爲藏書家所珍重。

025 初學記三十卷（國02474 省0220）

（唐）徐堅等輯，明嘉靖十年（1531）錫山安國桂坡館刻本，二十四冊。半葉九行，行十八字，小字雙行二十四字，白口，單黑魚尾，左右雙邊，版心記刻工姓名。板框20.8釐米×16.4釐米，開本31.8釐米×18.9釐米。鈐有"敦復堂珍藏善本書籍之記""恒河沙室""守己過目""俞氏珍秘""敦復堂印"等印，係俞守己舊藏，末有俞守己墨筆題跋。

徐堅（660—729），字元固，以文辭著聞，舉進士第，歷仕武周、中宗、睿宗、玄宗四朝，官至右散騎常侍、集賢院學士，封東海郡公。事蹟見《新唐書》本傳。開元中，徐堅奉玄宗之命，仿《藝文類聚》例編纂類書，以供皇族子弟學習文章查事用典之用，此即《初學記》。安國桂坡館本爲此書傳世之最早的刻本。

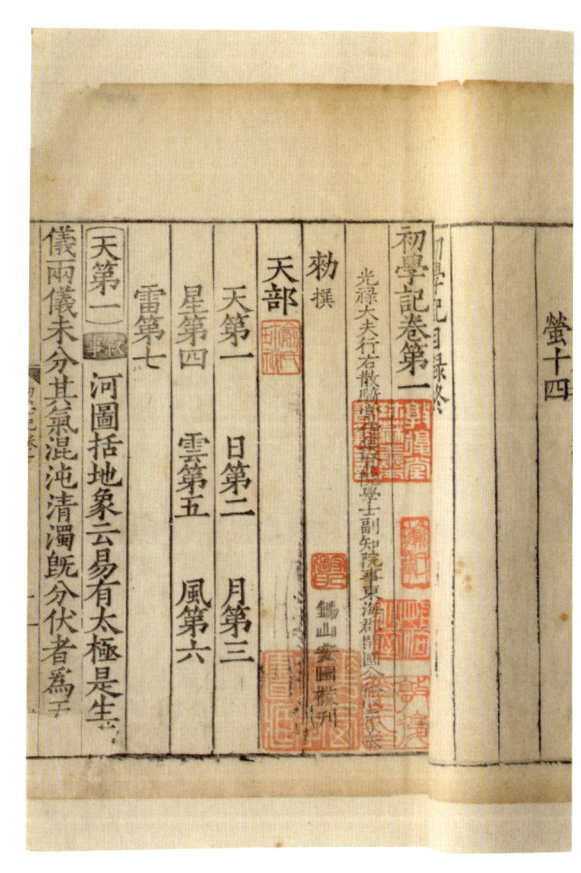

026 佩文齋詠物詩選四百二十五卷

（國02546　省0337）

（清）張玉書等輯，清康熙四十六年（1707）內府刻本，五十七冊。半葉十一行，行二十一字，細黑口，雙對黑魚尾，左右雙邊。板框16.2釐米×11.6釐米，開本25.8釐米×17.3釐米。鈐有"四川國學院所藏金石圖書之印"朱印。

張玉書（1642—1711），字素存，江蘇丹徒（今江蘇鎮江）人。順治十八年（1661）進士，官至文華殿大學士兼吏部尚書。事蹟見《清史稿》本傳。《佩文齋詠物詩選》是文華殿大學士張玉書等奉敕編纂的歷代詠物詩總集。全書上起古初，下迄明代，錄詩一萬四千五百九十首，凡四百八十六類，諸體皆備，包羅萬象。康熙四十六年（1707），康熙皇帝將《佩文齋詠物詩選》發內府刊刻。此本具有清初宮廷刻書的典型風貌。

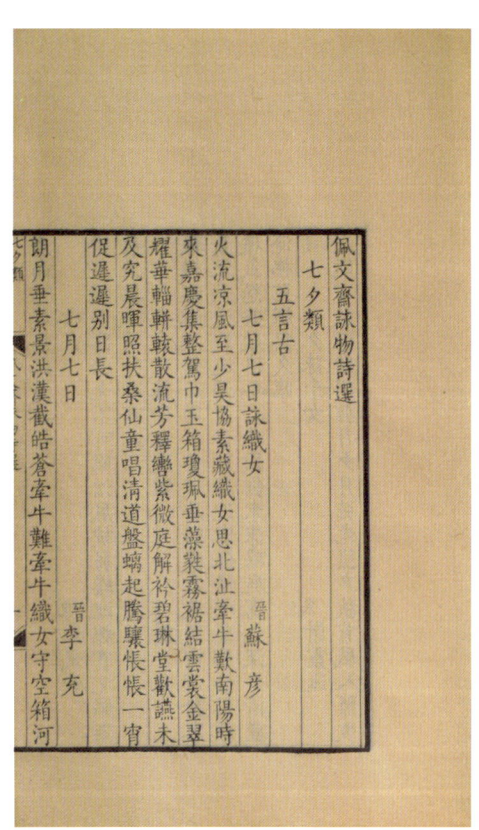

027 萬首唐人絶句一百一卷

（國02615　省0347）

（宋）洪邁輯，明嘉靖十九年（1540）陳敬學德星堂刻本，二十四冊。半葉十行，行二十字，白口，雙對白魚尾，左右雙邊，版心刻"德星堂"并記刻工姓名。板框19.6釐米×14.7釐米，開本26.2釐米×17.8釐米。鈐有"汪士鍾藏""柳橋""孟傳鑄印""天竟先生獨志堂物""孟氏秋根書屋藏本""華西大學圖書館珍藏"等印。偶有朱筆校字。

洪邁（1123—1202），字景盧，號容齋，饒州鄱陽（今屬江西）人。紹興十五年（1145）進士，官至端明殿學士。事蹟見《宋史》本傳。洪邁曾於南宋淳熙年間錄唐代五七言絶句五千四百首，復補輯得滿萬首析爲百卷。紹熙三年（1192）進呈御覽，孝宗稱其"選擇慎精，備見博恰"。陳敬學德星堂刻本爲《萬首唐人絶句》在明代首次刊刻。

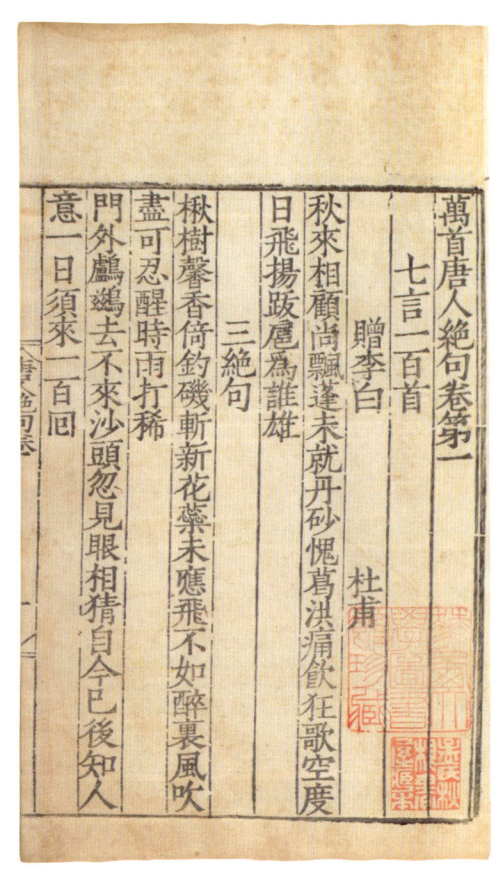

028 唐詩品彙九十卷唐詩拾遺十卷詩人爵里詳節一卷（國02620　省0348）

（明）高棅編，明嘉靖十六年（1537）姚芹泉刻本，十七冊。半葉十一行，行二十字，小字雙行同，上下黑口，單白魚尾，四周單邊。板框17.3釐米×13.9釐米，開本28.2釐米×17.7釐米。鈐有"積慶堂印""成大圖書館"等印。

高棅（1350—1423），一名廷禮，字彥恢，號漫士，福建長樂人，與林鴻、鄭定、王偁等人合稱"閩中十子"。事蹟見《明史》本傳。洪武年間，高棅編纂《唐詩品彙》，選錄唐人百家詩歌，按照五言古詩、七言古詩、五言律詩、七言律詩、五言排律、七言排律、五言絕句、七言絕句分體編纂，各類之下又分"正始、正宗、大家、名家、羽翼、接武、正變、餘響、旁流"九品，此即"品彙"之謂也。此書中將唐詩分為"初、盛、中、晚"四期，對後世論唐詩者產生了重要影響。

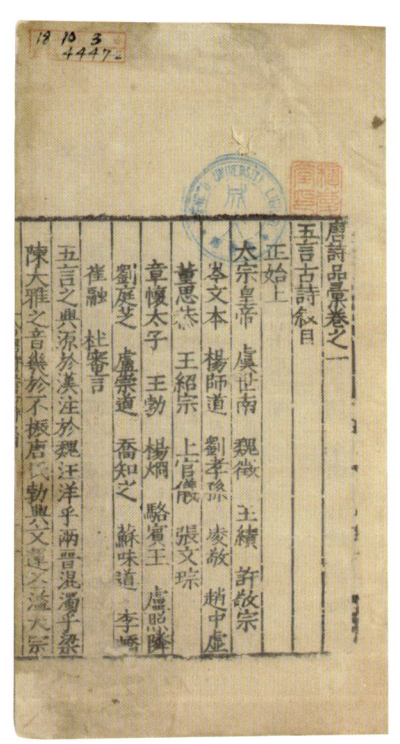

029 唐詩選七卷（國02626 省0350）

（明）李攀龍輯，（明）王穉登評，明閔氏刻朱墨套印本，四冊。半葉八行，行十八字，白口，無界行，左右雙邊。板框21釐米×14.9釐米，開本26.4釐米×17.3釐米。鈐有"華西協合大學中國文化研究所圖"印。

李攀龍（1514—1570），字于鱗，號滄溟，歷城（今山東濟南）人。嘉靖二十三年（1544）進士。與王世貞等人提倡文學復古運動，主張"文必秦漢，詩必盛唐"，爲明嘉靖、隆慶年間文壇"後七子"領袖。事蹟見《明史》本傳。《唐詩選》選錄唐代詩人一百二十八家四百六十五首作品，以初、盛唐詩人作品最多，直接體現了李攀龍的文學主張。明代天啟崇禎間，閔氏父子刻書以套印見稱，葉德輝評價曰"墨印朱批，字頗流動"。

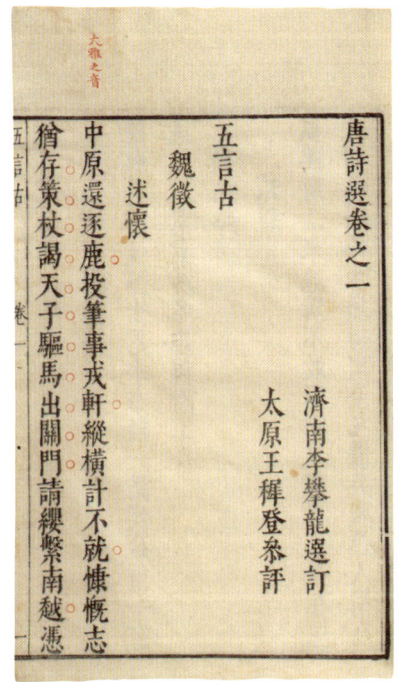

030 御選唐詩三十二卷目錄三卷

（國02633　省0351）

（清）聖祖[玄燁]輯，（清）陳廷敬等注，清康熙五十二年（1713）內府刻朱墨套印本，十五冊。半葉七行，行十七字，小字雙行不等，白口，單黑魚尾，四周雙邊。板框19.1釐米×12.6釐米，開本28釐米×16.5釐米。鈐有"王秉信字執誠""緝熙閣藏書之章""執誠真賞""執誠長壽"等印。

陳廷敬（1638—1712），字子端，山西澤州府陽城（今山西晉城市陽城縣）人。順治十五年（1658）進士，官拜文淵閣大學士。事蹟見《清史稿》本傳。全書三十二卷，以五言古詩、七言古詩、五言律詩、七言律詩、排律、五言絕句、六言絕句、七言絕句分類編排，作者下略載姓字爵里、仕宦履歷，於詩則逐句箋釋。此書君選臣釋，內府精刻，具有典型的皇家氣象。

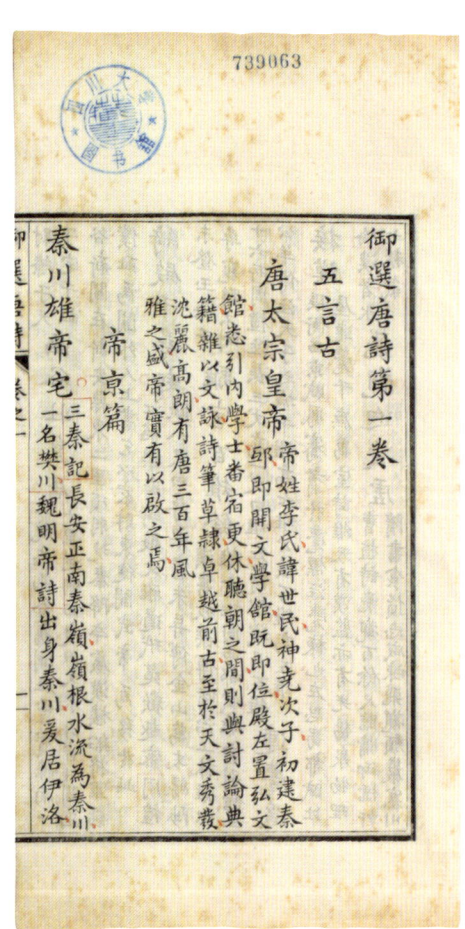

尊經閣藏書

031 分類補註李太白詩二十五卷分類編次李太白文五卷（國02817 省0253）

（唐）李白撰，（宋）楊齊賢集注，（元）蕭士贇補注，明嘉靖二十二年（1543）郭雲鵬寶善堂刻本，十二冊。半葉八行，行十七字，小字雙行同，白口，單白魚尾，左右雙邊。板框20.3釐米×13.9釐米，開本27.7釐米×18.3釐米。目錄末葉刻牌記："嘉靖癸卯/春元日寶/善堂梓行"。鈐有"李氏家藏""殿一氏""陳文元印""金吉室李氏家藏""德州北李後知堂文籍圖書記""華西協合大學圖書館"等印。有同治三年（1864）筠笙題記，一九四八年岳清澄題記。

李白（701—762），字太白，號青蓮居士。楊齊賢（生卒年不詳），字子見，春陵（今湖南寧遠）人，南宋慶元五年（1199）進士，官通直郎。蕭士贇（生卒年不詳），字粹可，號粹齋，寧都（今屬江西）人。郭雲鵬刻本《分類補註李太白詩》具有典型的嘉靖時期刻書風貌，《四庫全書》據以著錄，《四部叢刊》亦據以影印。然王重民《中國善本書提要》稱郭刻"附入別集，又删削舊注，特殊本來面目"。

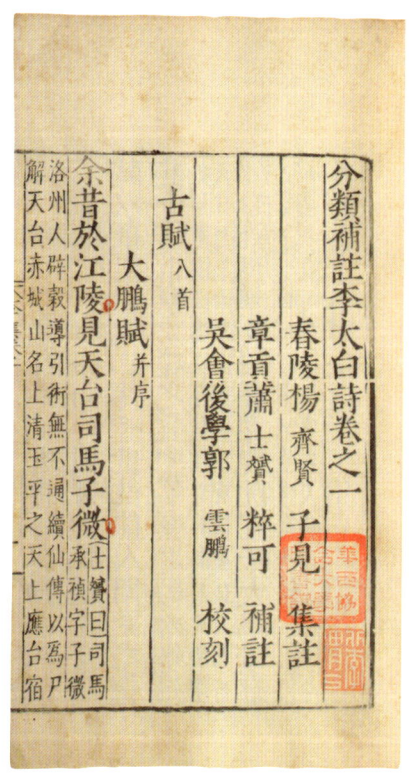

032 集千家注杜工部詩集二十卷杜工部文集二卷附錄一卷

（國02852 省0257）

（唐）杜甫撰，（宋）黃鶴補注，（宋）劉辰翁評點，明嘉靖十五年（1536）玉几山人刻本，四十冊。半葉八行，行十七字，小字雙行同，白口，雙對白魚尾，四周雙邊，版心記刻工姓名。板框22.1釐米×14.2釐米，開本27.4釐米×17.9釐米。鈐有"方千""葛雲茝"二印。

杜甫（712—770），字子美，自號少陵野老，河南鞏縣人，後人尊爲"詩聖"。黃鶴，生平仕履不詳。劉辰翁（1232—1297），字會孟，自號須溪居士。玉几山人，當爲明朝徐元壽（1470—1553），一名尚德，字若容，號玉几山人，江蘇江陰人。

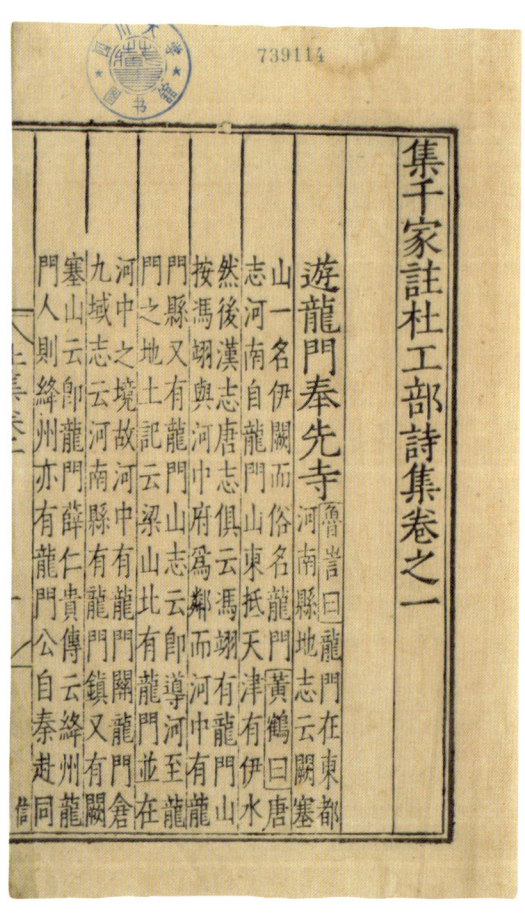

033 杜律單注十卷（國02878 省0261）

（明）單復撰，（明）陳明輯，明嘉靖景姚堂刻本，十冊。半葉八行，行二十字，小字雙行同，白口，單黑魚尾，四周單邊。版心刻"景姚堂"。板框21釐米×14.4釐米，開本27.4釐米×17.6釐米。鈐有"華西大學圖藏"白印。

單復（生卒年不詳），一名復亨，字陽元，明初浙江會稽人，撰有《讀杜愚得》十八卷，爲明代第一部杜詩全集注本。《杜律單注》即嘉靖間陳明自《讀杜愚得》中輯錄五言律詩一百四十九首以成書者。陳明，歷城（今山東濟南）人，嘉靖二年（1523）進士，官至浙江僉事。景姚堂系嘉靖間浙江楊祐堂號。

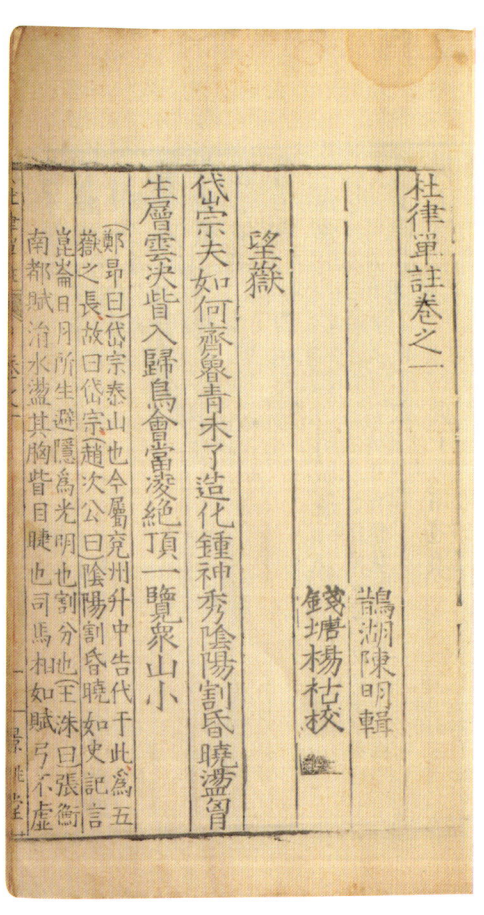

034 商文毅公集十一卷（國03490 省0298）

（明）商輅撰，（明）鄭應齡輯，明隆慶六年（1572）鄭應齡浙江刻本，四冊。半葉十行，行二十字，白口，單黑魚尾，四周雙邊。板框19釐米×14.5釐米，開本25釐米×16.4釐米。鈐有"華西協合大學圖書館"朱印。

商輅（1414—1486），字弘載，號素菴，浙江淳安人。正統十年（1445）進士，官至吏部尚書、謹身殿大學士，卒諡文毅。事蹟見《明史》本傳。商輅著述頗豐，惜生前兩遭兵火，十不存一。隆慶年間，鄭應齡爲淳安知縣，裒輯商輅著述，刊刻行世。

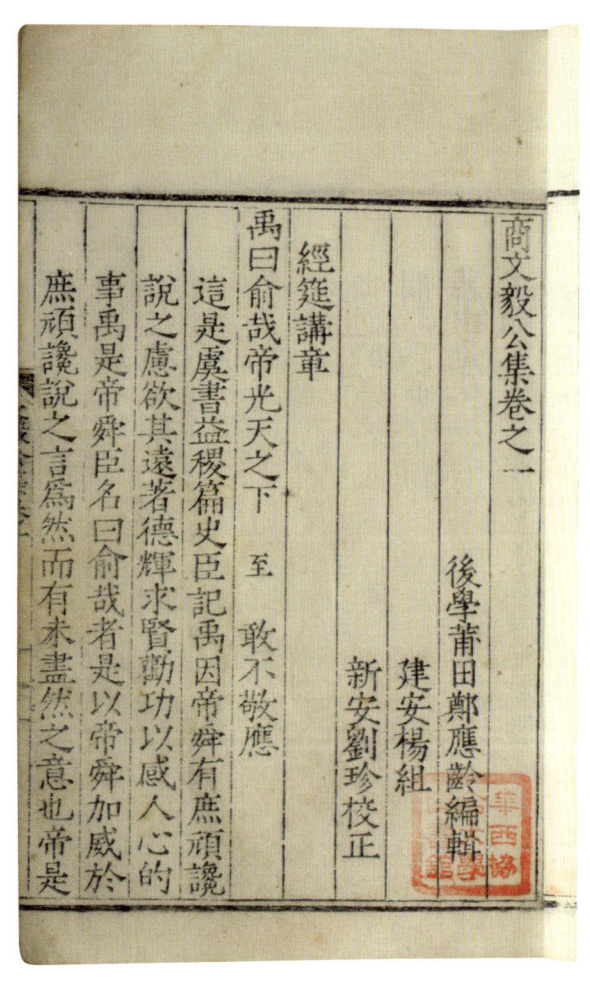

035 前漢書一百卷（國03525 省0078）

（漢）班固撰，明德藩最樂軒刻本，二十四册。半葉十行，行二十一字，白口，單黑魚尾，左右雙邊，版心上方刻"德藩最樂軒"，版心下方記刻工姓名。板框20.3釐米×14.4釐米，開本28.2釐米×17.4釐米。鈐有"褰清主人珍藏""華西大學圖書館珍藏"朱印。

班固（32—92），字孟堅，扶風安陵（今陝西咸陽）人。累官蘭臺令、點校秘書。事蹟見《後漢書》本傳。《漢書》爲中國第一部紀傳體斷代史，記述西漢高祖元年（前206）至王莽地皇四年（23）共二百三十年間史事，開啓"包舉一代"的斷代史體例，成爲此後歷代官修史書典範。館藏此本爲德藩刻白文無注本。德藩，在今山東濟南，爲德王封地，最樂軒乃第三代德王朱戴墱的室名。王紹曾在《山東藏書家史略》中評價德藩刻本《前漢書》曰："蓋爲蘇州良工所開雕。所用紙墨多選上料，印刷裝褚，極爲考究，大字寬本，藍綾包背裝，近似內府刻本，近人或稱明刻之最精者"。

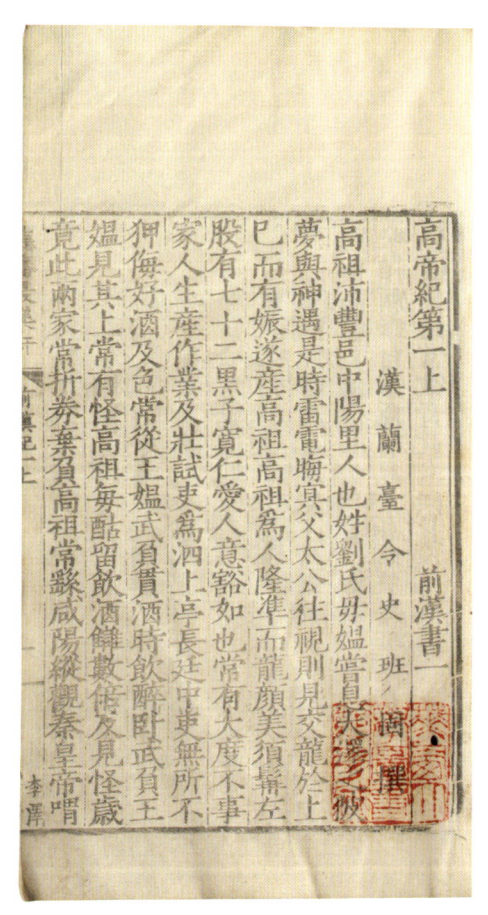

036 念菴羅先生集十三卷

（國03701　省0307）

（明）羅洪先撰，明嘉靖四十三年（1564）甄津無錫刻本，六册。半葉十一行，行二十字，白口，單黑魚尾，四周單邊。板框20.8釐米×14.3釐米，開本27.3釐米×17.3釐米。鈐有"寶德堂藏書""吳興子誠高氏珍藏""華西大學圖書館珍藏"印。

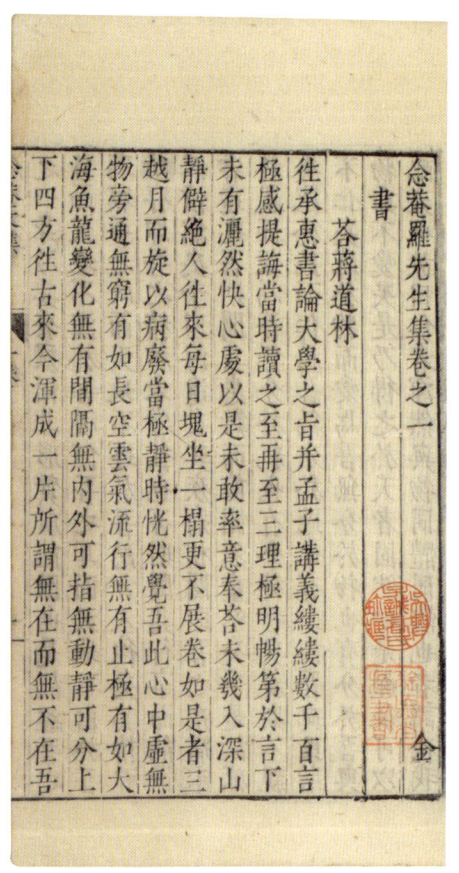

羅洪先（1504—1564），字達夫，號念菴，江西吉水人。嘉靖八年（1529）進士，授翰林院修撰，拜春坊左贊善，罷歸，著書以終。事蹟見《明史·儒林傳》。羅洪先集，先有嘉靖十三年（1534）劉玠刻本，館藏此本則爲嘉靖四十三年（1564）甄津刻於無錫者。

037 方山薛先生全集六十八卷

（國03721　省0309）

（明）薛應旂撰，明嘉靖刻本，二十册。半葉十行，行二十字，白口，單黑魚尾，四周單邊，版心下方記刻工姓名。板框19.7釐米×14.2釐米，開本24.1釐米×15.6釐米。有佚名批注。缺第五十四、六十七兩卷。

薛應旂（1500—1574），字仲常，號方山，常州府武進（今屬江蘇）人。嘉靖十四年（1535）進士，曾任南京考功郎中、浙江提學副使。能文章，富藏書。事蹟見《明儒學案》。王重民《中國善本書提要》著錄北京大學圖書館藏嘉靖本《方山薛先生全集》，稱"應旂先刻《文錄》二十二卷，後則隨作隨刻，凡有《隨寓錄》《詩稿》《外錄》等編，此則匯刻諸編爲一集，另爲重刻者"，當與館藏版本相同。

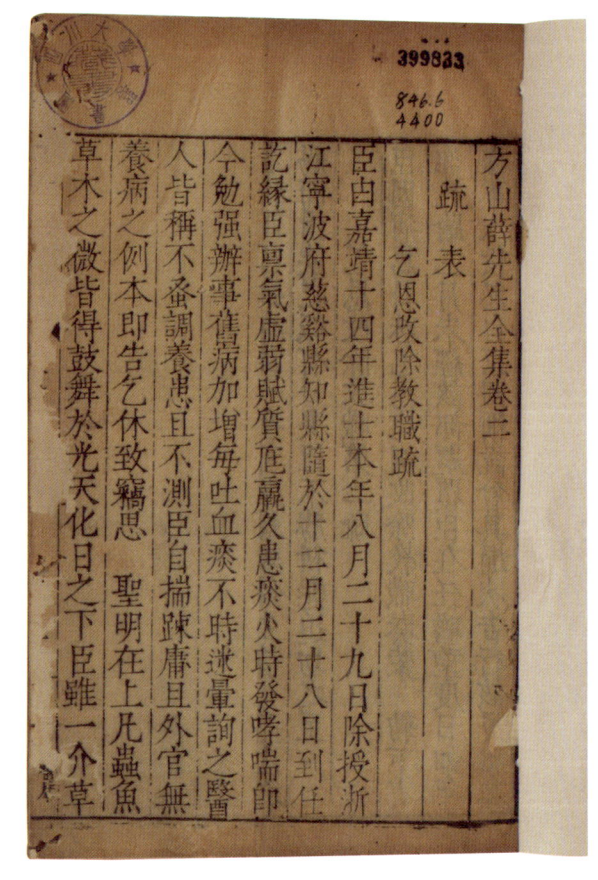

038 丘隅集十九卷（國03724 省0310）

（明）喬世寧撰，明嘉靖刻本，八冊。半葉九行，行二十字，白口，無魚尾，四周單邊。板框18.8釐米×14.1釐米，開本25釐米×15.9釐米。鈐有"華西大學圖藏"白文印。

喬世寧（1503—1563），字景叔，一字敬叔，自號三石山人，耀州（今屬陝西）人。嘉靖十七年（1538）進士，累官至南京刑部郎中、四川按察使。事蹟見《明史·文苑傳》。集名取自《詩經·秦風·黃鳥》："綿蠻黃鳥，止於丘隅"。

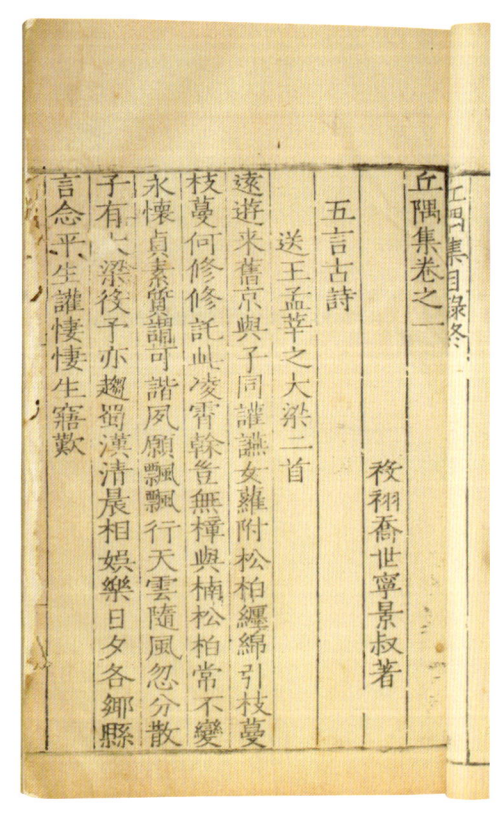

039 無聞堂稿十七卷附錄一卷

（國03729　省0311）

（明）趙鈺撰，明隆慶四年（1570）趙鴻賜玄對樓刻本，六册。半葉九行，行十八字，白口，單黑魚尾，左右雙邊。版心下方刻"玄對樓梓"。板框18.3釐米×13.6釐米，開本27.2釐米×16.5釐米。鈐有"華西協合大學圖書館"朱印。

趙鈺（1512—1569），字子舉，一字鼎卿，別號八柱野人，安徽桐城人。嘉靖二十三年（1544）進士，官至右僉都御史、巡撫貴州。本書爲趙鈺之子趙鴻賜所輯刻。

040 蛣蜣集八卷（國03747 省0315）

（明）鄭若庸撰，明隆慶四年（1570）胡迪刻本，八冊。半葉九行，行十八字，白口，單黑魚尾，左右雙邊，版心下方記刻工姓名。板框17.6釐米×12.7釐米，開本25釐米×15.7釐米。鈐有"吳門陸僎鑒藏""吳門陸僎一字尌蘭之印""萬卷樓籍""名余曰僎""崔伯孺印""四川國學館所藏金石圖書之印"等印。

鄭若庸（生卒年不詳），字中伯，號虛舟，又自號蛣蜣生，江蘇昆山人。《蛣蜣集》爲鄭若庸文集，歷代書目罕見著錄。

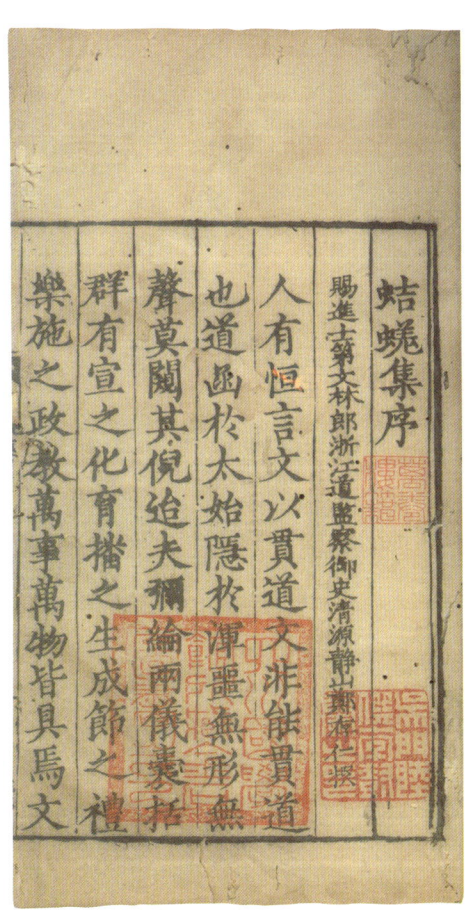

041 選詩三卷（國03869 省0327）

（明）許宗魯輯，明嘉靖六年（1527）劉士元刻本，三冊。半葉十行，行十八字，白口，無魚尾，左右雙邊。板框18釐米×13.3釐米，開本26.2釐米×16.1釐米。鈐有"敦復""吳城""四川國學館所藏金石圖書之印"三印。

許宗魯（1490—1560），字伯誠，一字東侯，號少華，陝西咸寧（今屬西安）人，正德十二年（1517）進士。《選詩》專錄漢魏六朝古詩，係許宗魯自蕭統《文選》中輯出者。

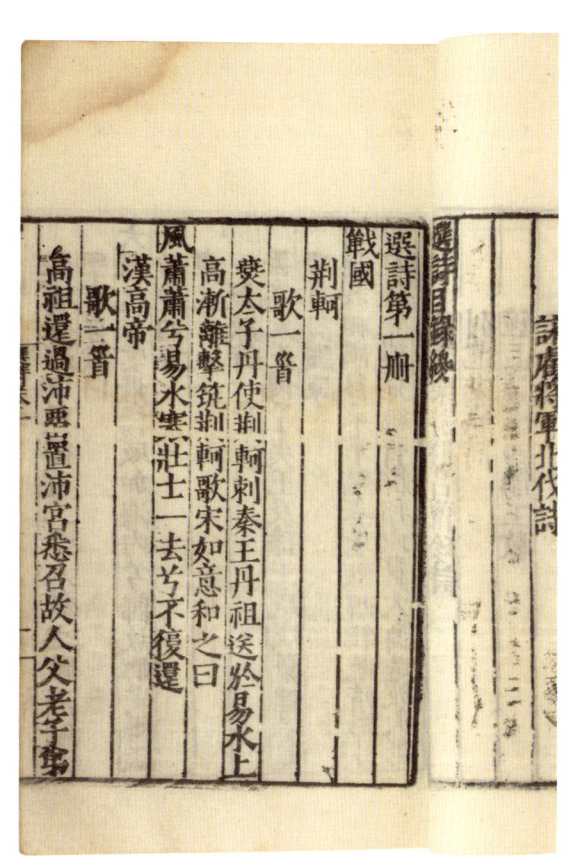

042 西山先生真文忠公文章正宗二十四卷（國03976 省0339）

（宋）真德秀輯，明嘉靖四十三年（1564）李豸、李磐刻本，十二冊。半葉十行，行十九字，小字雙行同，白口，單黑魚尾，左右雙邊。板框21.3釐米×15.7釐米，開本28.2釐米×17.6釐米，版心記刻工姓名。

真德秀（1178—1235），字希元，建寧浦城（今福建浦城）人。慶元五年（1199）進士，拜參知政事，進資政殿學士，卒謚文忠。事蹟見《宋史》本傳。《文章正宗》分辭令、議論、敘事、詩歌四類，錄《左傳》《國語》以下至唐末之文章。

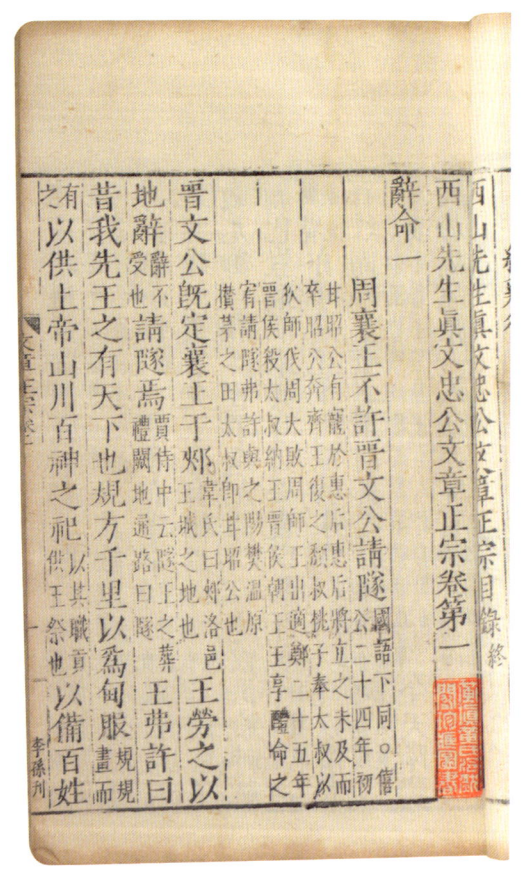

043 古樂府三卷（國03977 省0334）

（明）何景明輯，明嘉靖吳縣徐縉崦西精舍刻本，一册。半葉十行，行十六字，白口，單黑魚尾，左右雙邊。版心刻"崦西精舍"四字。板框17.9釐米×13.3釐米，開本22.8釐米×16.1釐米。鈐有"國立四川大學圖書館"朱印。

何景明（1483—1521），字仲默，河南信陽人。明弘治十五年（1502）進士，官至陝西提學副使。事蹟見《明史》本傳。

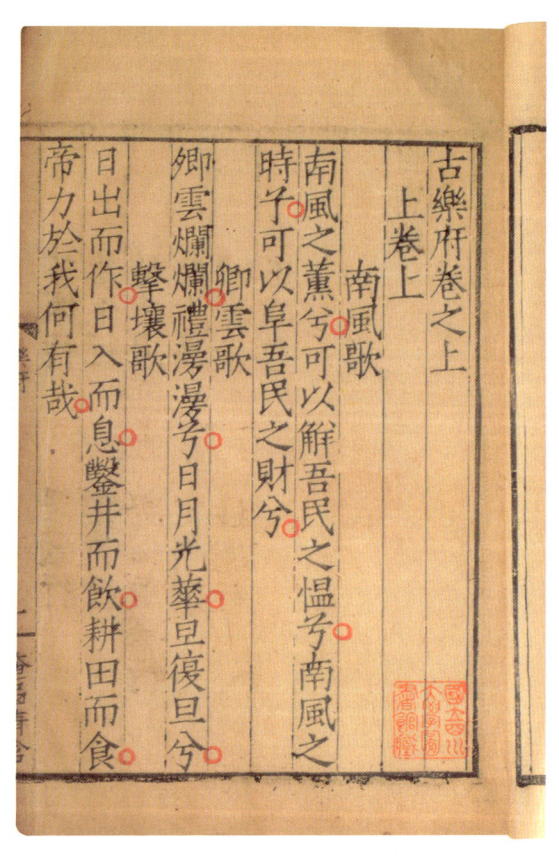

044 佩觿三卷（國10150 省0066）

（宋）郭忠恕撰，清康熙中張氏刻澤存堂五種本，三冊。半葉八行，行十七字，小字雙行二十六字，白口，單黑魚尾，左右雙邊。板框20.7釐米×15.6釐米，開本27.2釐米×19.3釐米。鈐有"西河""毛扆之印""个是醇夫手種田""許焞收藏""海昌徐邁叔收藏之印""踐室長物"等印。有佚名過錄乾隆四十三年翁方綱跋、乾隆年間丁傑三跋，道光戊戌錢吉泰過錄乾隆四十九年吳騫跋。有佚名朱筆批校。

郭忠恕（？—977），字恕先，洛陽（今屬河南）人。《禮記·內則》曰："子事父母，左佩小觿，右佩大觿"。觿爲古代解繩結之工具；《佩觿》爲字書，即治學之工具也。清康熙年間，蘇州張士俊以澤存堂的名義刊刻《澤存堂五種》，底本均係宋本，刻印精良，著稱於世，《佩觿》爲其中一種。

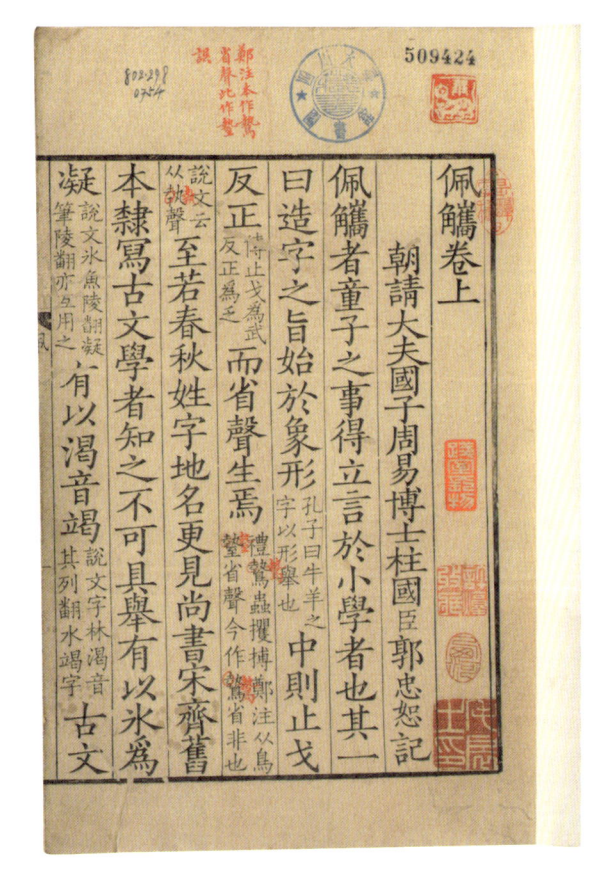

045 通鑑彙鑰十卷（國10370 省0159）

撰者不詳，明嘉靖刻本，三冊。半葉十一行，行二十四、二十五字不等，白口，單白魚尾，左右雙邊。板框17.3釐米×12.7釐米，開本23.8釐米×14.3釐米。存卷一至五、卷八至十。

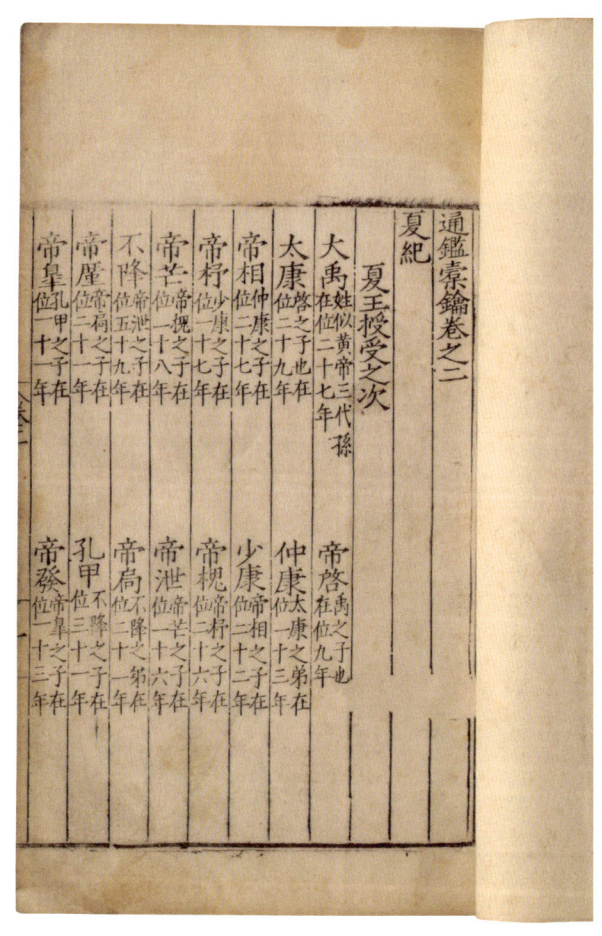

046 重修政和經史證類備用本草三十卷（國10424）

（宋）唐慎微撰，明嘉靖十六年（1537）楚府崇本書院刻本，二十冊。半葉十二行，行二十三字，小字雙行同，白口，雙順白魚尾，四周單邊。板框26.3釐米×17釐米，開本32釐米×19.2釐米。卷三十末有牌記"嘉靖丁酉孟春月吉/楚府崇本書院重刊"。鈐有"金黃裳吉氏藏書""曾藏烏程龐氏家"二印。館藏此本為嘉靖十六年楚王朱榮㴋以崇本書院名義刊刻者。

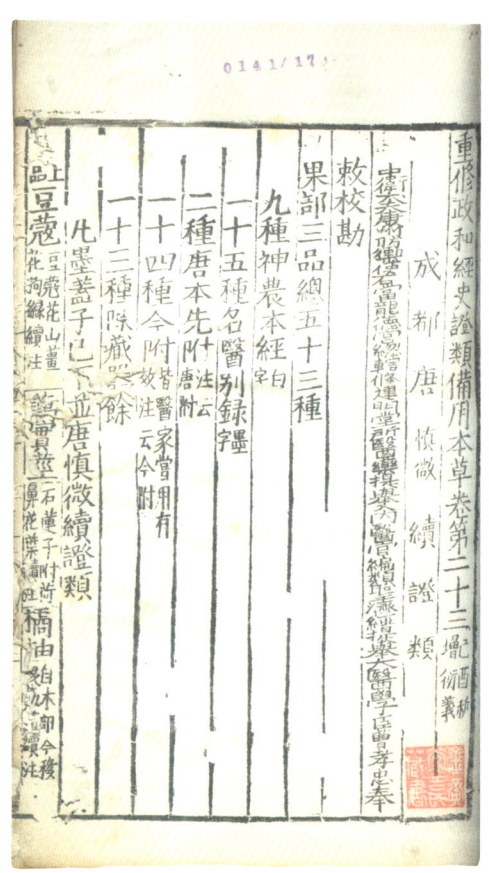

唐慎微（生卒年不詳），字審元，成都華陽人，一說蜀州晉原（今四川崇州）人，世代為醫，精於醫方。宇文虛中《翰林學士宇文虛公書證類本草後》稱其"為士人療病，不取一錢，但以名方秘篆為請。以此士人尤喜之，每於經史諸書中得一藥名、一方論，必錄以告，遂集為此書"。

047 趙清獻公文集十卷（國10619 省0271）

（宋）趙抃撰，明成化七年（1471）閻鐸刻本，六冊。半葉十一行，行二十字，上下黑口，四黑魚尾，四周雙邊。板框20.3釐米×13.8釐米，開本28.1釐米×17.1釐米。鈐有"不讀書人藏"白印。存卷一至卷五，爲詩集部分。館藏此本爲成化七年閻鐸任三衢郡守時所刻。

趙抃（1008—1084），字閱道，號知非子，衢州西安（今屬浙江衢州）人。景祐元年（1034）進士，官拜殿中侍御史，有"鐵面御史"之譽，卒諡清獻。

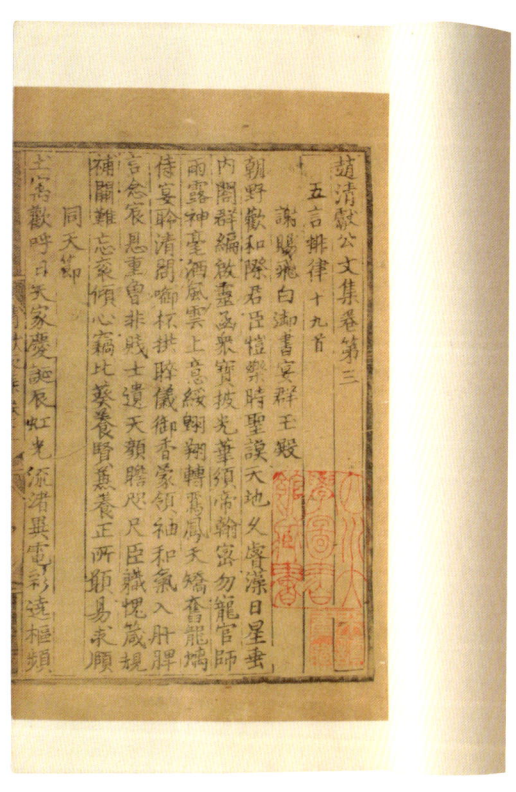

048 河東重刻陽明先生文錄五卷外集九卷別錄十卷（國10763 省0302）

（明）王守仁撰，明嘉靖三十二年（1553）河東書院刻本，二十冊。半葉十行，行二十字，白口，單白魚尾，左右雙邊。板框19.5釐米×14.7釐米，開本29.5釐米×17.7釐米。鈐有"華西大學圖書館珍藏"朱印。有佚名批語。館藏此本爲嘉靖三十二年宋儀望出按河東時所刻。

王守仁（1472—1529），字伯安，浙江餘姚人。弘治十二年（1499）進士，曾任刑部、兵部主事，卒諡文成。曾在陽明洞築室講學，世稱"陽明先生"。事蹟見《明史》本傳。

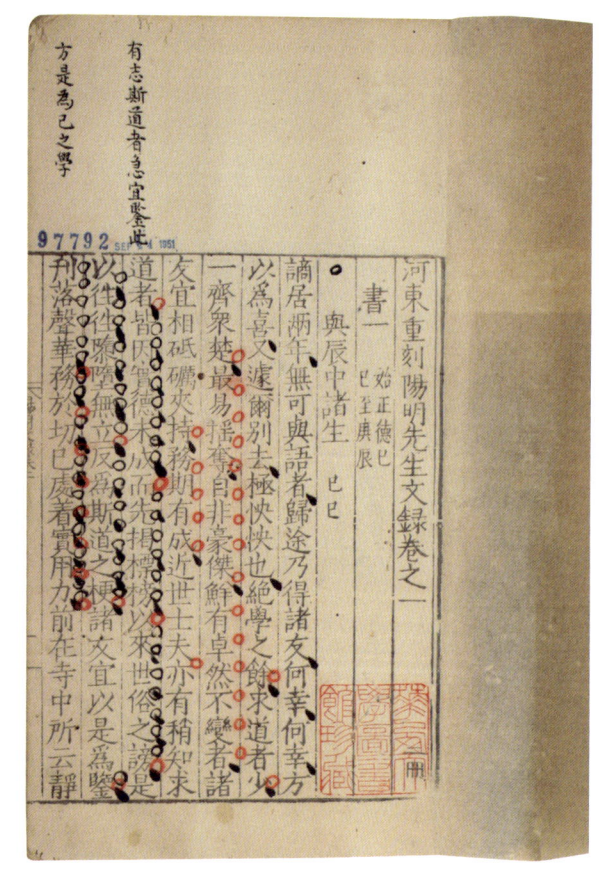

049 平江府磧砂延聖院大藏經

（省0026）

宋紹定四年（1231）至元至治二年（1322）平江府磧砂延聖院大藏經坊刻本，七帙，經折裝。每折六行，行十七字，版心記刻工姓名，有子華、万景明、何通、徐德鄉等。開本30.9釐米×11.2釐米。鈐有"開縣皮氏""盛字山樵""皮氏視珩""裹白"等印。存賴字號一、二（《不退轉法輪經》卷一至二），賴字號五（《廣博嚴淨不退轉法輪經》卷第一）、九（《入定不定印經》一卷），心字號四（《阿毗達磨大毗婆沙論》卷第一百七十四），交字號五（《阿毗達磨品類足論》卷第五）、被字號九（《道神足無極變化經》卷第二）。

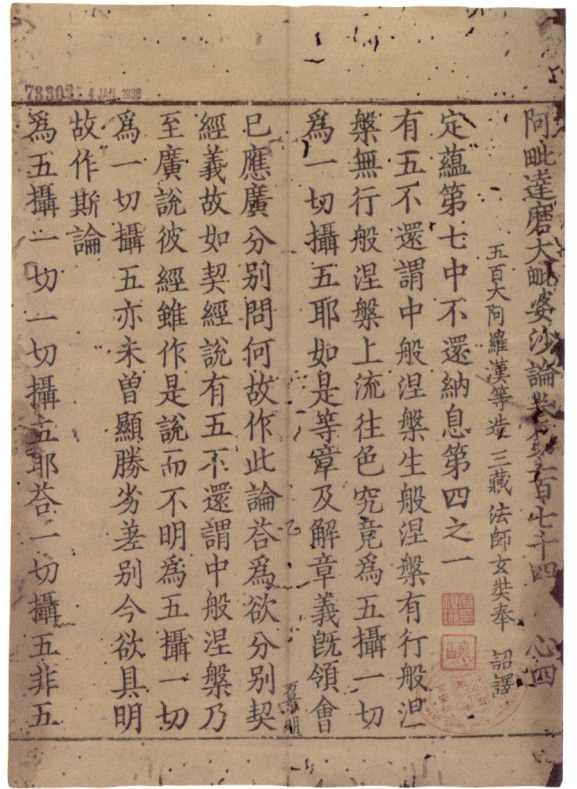

050 四經合卷（省0028）

元刻本，一帙。每折六行，十七字。鈐有"華大中國文學系圖書館"朱印。存景字號八。紙背爲手抄《召請十類狐畜儀文》。

四經者，即《佛爲海龍王說法印經》《般泥洹後灌臘經》《右繞佛塔功德經》《妙色王因緣經》。

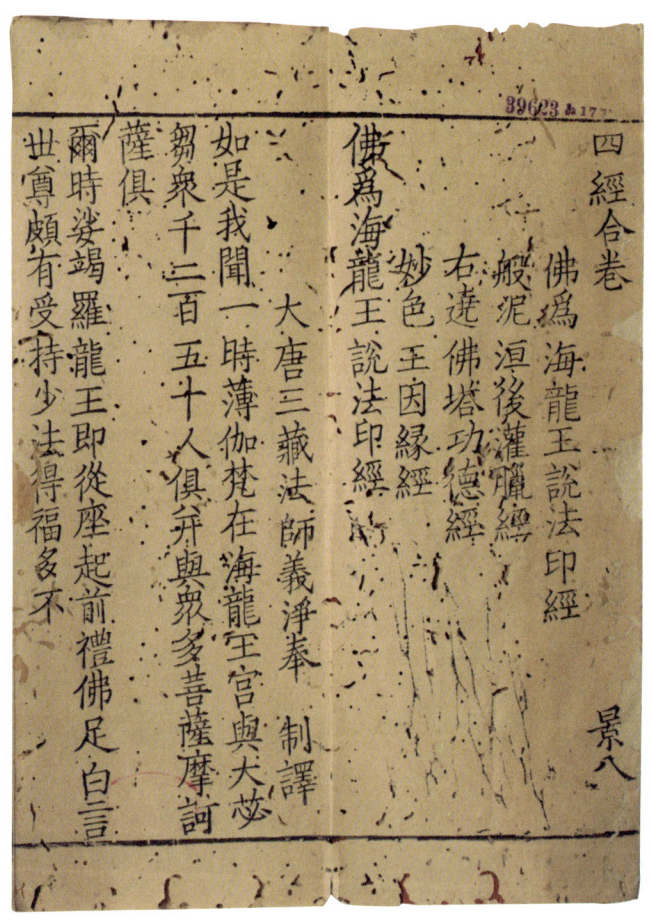

051 易傳八卷王輔嗣論易一卷

（省0041）

易傳八卷，（宋）蘇軾撰，王輔嗣論易一卷，（三國魏）王弼撰。明末閔齊伋刻朱墨套印本，八冊。半葉八行，行十八字，小字雙行同，白口，無魚尾，四周單邊。板框20.1釐米×14.7釐米，開本25.5釐米×16.2釐米。鈐有"馮氏辨齋臧書""慈谿畔餘樓藏""唐祖堯印""陶蓬仙家收藏金石書畫之印"。

蘇軾（1037—1101），字子瞻，號東坡居士，四川眉山人。嘉祐二年（1057）進士，官至禮部尚書。北宋文壇領袖。南宋高宗時追贈太師，諡文忠。事蹟見《宋史》本傳。《四庫全書總目》稱《易傳》雖題蘇軾所撰，實則成於蘇洵、蘇軾、蘇轍父子三人，其"言簡意明，往往足以達難顯之情，而深得曲譬之旨"，"文辭博辨，足資啟發"。

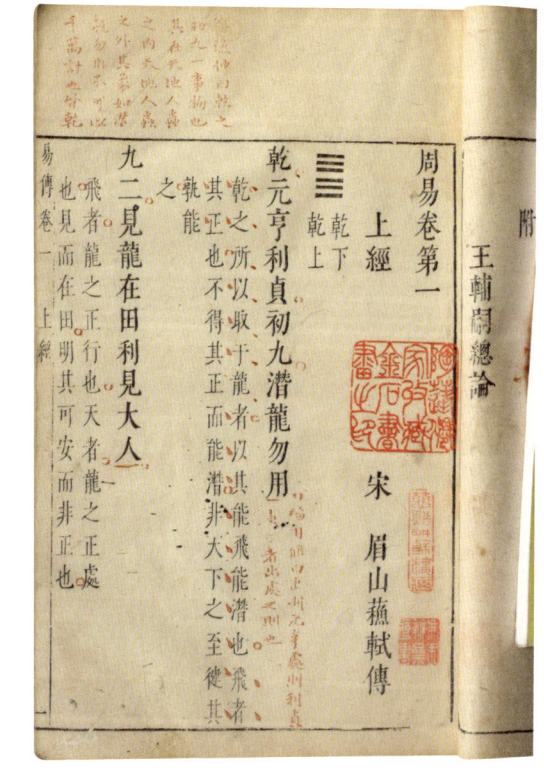

052 周易本義十二卷易圖一卷五贊一卷筮儀一卷（省0042）

（宋）朱熹撰，清康熙內府刻本，五冊。半葉六行，行十五字，小字雙行同，白口，雙對黑魚尾，左右雙邊。板框24.1釐米×16.8釐米，開本33.7釐米×20.4釐米。鈐有"雙流黃氏鑑藏書畫記""黃致祥印""四川成都茹古書局記"。

朱熹（1130—1200），字元晦，號晦菴，徽州婺源（今屬江西）人。著名理學家，卒諡文，世稱朱文公。事蹟見《宋史》本傳。此本爲康熙間內府據宋咸淳元年（1265）九江吳格刻本重刊，最能體現朱子《本義》舊貌。

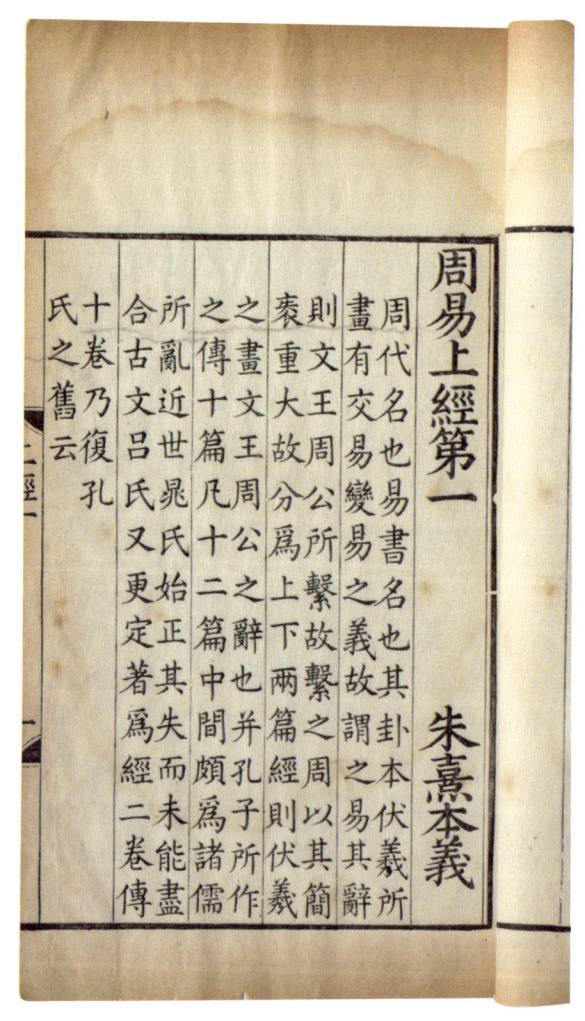

053 周易傳義十卷上下篇義一卷易圖集錄一卷易五贊一卷筮儀一卷

（省0044）

　　周易傳義十卷，（宋）程頤、朱熹撰。上下篇義一卷，（宋）程頤撰。易圖集錄一卷，易五贊一卷，筮儀一卷，（宋）朱熹撰。明正統十二年（1447）司禮監刻本，十八冊。半葉八行，行十八字，小字雙行同，上下黑口，雙順黑魚尾，四周雙邊。板框22.8釐米×16.6釐米，開本29釐米×19.4釐米。鈐有"待隱"朱印。有一九六二年岳清澄墨筆題記。

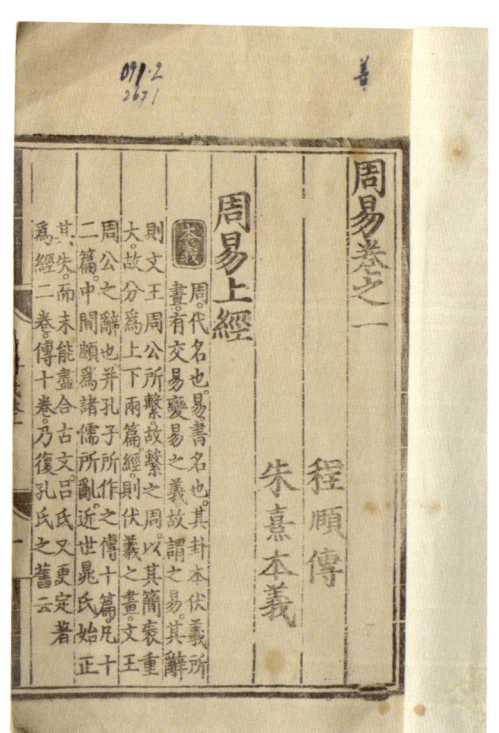

缺《易圖集錄》一卷。

　　程頤（1033—1107），字正叔，洛陽人，世稱"伊川先生"，事蹟見《宋史》本傳。朱熹（1130—1200），字元晦，號晦菴，徽州婺源（今屬江西）人，著名理學家，卒諡文，世稱朱文公，事蹟見《宋史》本傳。《周易傳義》，即將程氏《易傳》與朱熹《周易本義》合刻者，傳義合刻，始於南宋董楷。

054 易筌五卷（省0049）

（清）趙大煊撰，清稿本，五冊。半葉九行，行二十七字，白口，雙對黑魚尾，四周雙邊。板框15.3釐米×10.6釐米，開本20釐米×12.3釐米。封面墨筆題字"高等學堂遺書/趙大煊著易筌/未刊本"，爲四川高等學堂舊藏趙氏未刊稿本。

趙大煊（生卒年不詳），字雲凡，黔江（今屬重慶）人。十三歲以默五經入泮，同治十二年（1873）拔萃，歷任納溪、宜賓學博，著有《易筌》《讀史札記》《丹興瑣記》《穉學編》《蘧園詩鈔》《古詩粹》等。

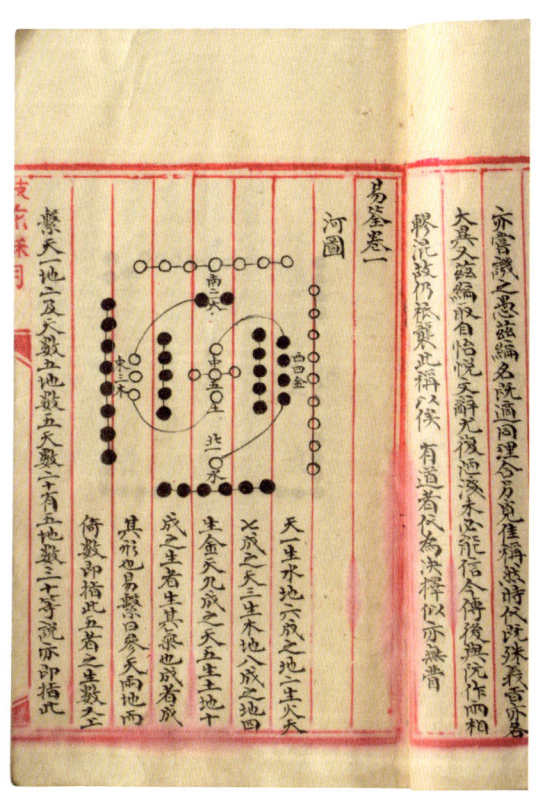

055 考工記二卷（省0055）

（明）郭正域批點，明萬曆四十四年（1616）吳興閔氏刻朱墨套印本，一冊。半葉八行，十八字，小字雙行同，白口，左右雙邊。板框20.6釐米×15.3釐米，開本26釐米×17.1釐米。館藏此本爲明萬曆年間閔齊伋朱墨雙色套印之《三經評注》之一種。

郭正域（1554—1612），字美命，號明龍，湖北江夏人。萬曆十一年（1583）進士。《周禮》六官，冬官獨缺。漢代劉德取《考工記》補入，此後《考工記》成爲《周禮》之一篇。

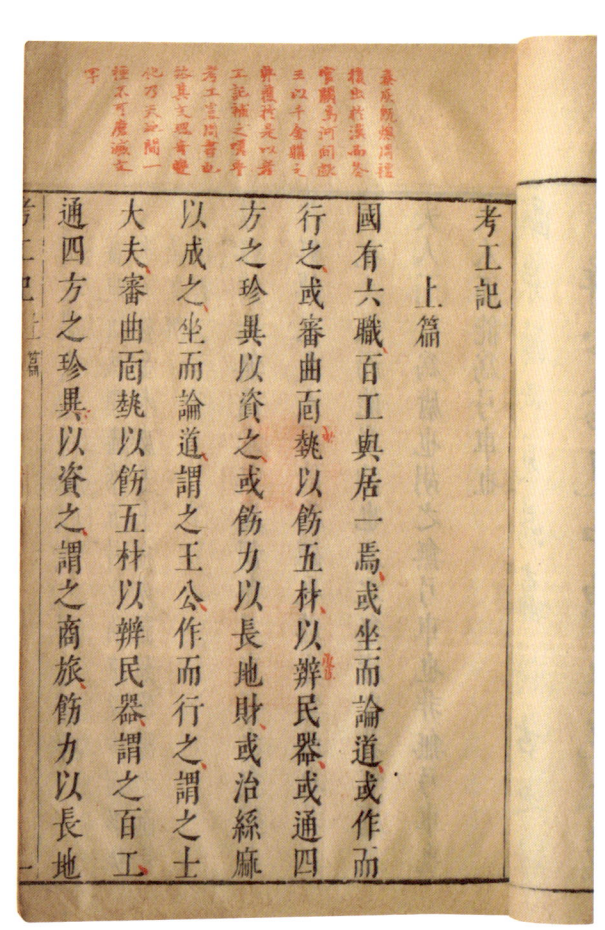

056 檀弓一卷（省0058）

題（宋）謝枋得評，明萬曆四十四年（1616）吳興閔氏刻朱墨套印本，一冊。半葉八行，行十八字，小字雙行同，白口，左右雙邊。板框20.6釐米×15.3釐米，開本26釐米×17.1釐米。

《檀弓》爲《禮記》中的一篇，卷端題爲南宋謝枋得批點，《四庫全書總目》以爲僞託之作。館藏此本爲萬曆年間吳興閔氏彙集《禮記注疏》《禮記集注》《禮記集說》諸書，去繁存要，刊板流傳，爲閔齊伋朱墨套印《三經評注》之一。

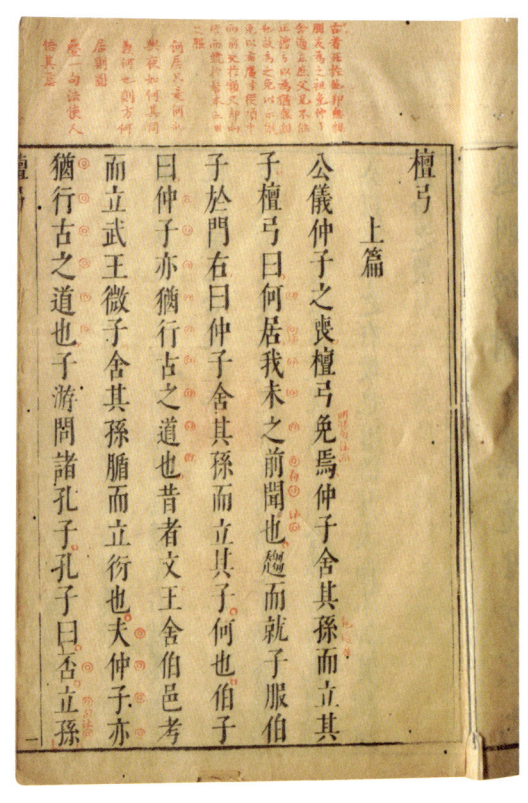

057 春秋集傳大全三十七卷（省0062）

（明）胡廣等撰，明永樂間內府刻本，二十六冊。半葉十行，行二十二字，小字雙行同，白口，雙對黑魚尾，四周雙邊。板框26.5釐米×17.8釐米，開本32.3釐米×19.5釐米。鈐有"四川國學院所藏金石圖書之印"。存卷一至七、卷十二至十九、卷二十四至二十五、卷二十八至三十七。

胡廣（1369—1418），字光大，江西吉水人。建文二年（1400）狀元，官至文淵閣大學士，卒諡文穆。事蹟見《明史》本傳。此為明永樂年間胡廣等奉敕纂修之《五經大全》之一種。《四庫全書總目》稱此書系胡廣等人在汪克寬《春秋纂疏》基礎上點竄而成，名曰奉敕纂修，實未纂修也。

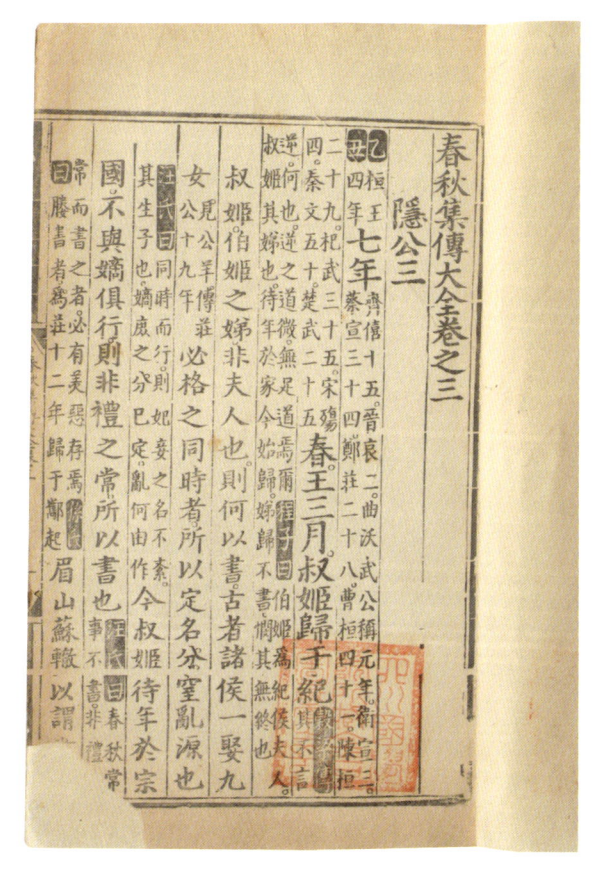

058 金石韻府五卷正韻篆五卷學古編二卷吟齋錄古四卷（省0067）

金石韻府五卷，（明）朱雲輯篆。正韻篆五卷，（明）沈延銓校。學古編二卷，（元）吾丘衍述，（明）何震續。吟齋錄古四卷，胡維楫輯。清鈔本，十二冊。行格不等，無板框。開本26.9釐米×17.7釐米。鈐有"張廷濟印""張氏叔未""國立四川大學圖書館藏書印"三印。館藏此本爲張廷濟舊藏。

張廷濟（1768—1848），字順安，號叔未，浙江嘉興人，嘉慶道光間著名的金石學家。胡維楫輯《吟齋錄古》傳世極罕，未見著錄。

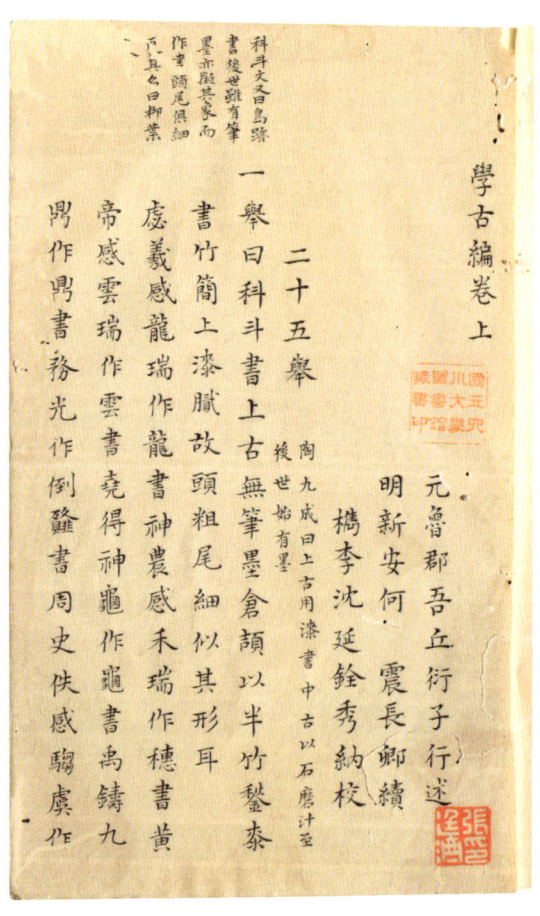

059 廣韻五卷（省0069）

（宋）陳彭年等修，明司禮監刻本，五冊。半葉九行，行二十字，小字雙行三十三字，上下黑口，雙對黑魚尾，四周雙邊。板框24.5釐米×17.9釐米，開本32.3釐米×20.1釐米。鈐有"小萬卷齋藏書""大興朱氏竹君藏書之印""玉存""王仲郊讀書記""大興金氏繩齋藏書之印""沈壽案所藏金石圖書""王宮午長壽年""介卿"等印。曾經著名學者、藏書家安徽朱珔、大興朱筠遞藏。

陳彭年（961—1017），字永年，江西南城人。雍熙二年（985）進士，官至參知政事，事蹟見《宋史》本傳。隋初，陸法言等撰《切韻》五卷。唐初，長孫訥言為之作注，郭知元等人遞有增加。天寶十年（751），陳州司馬孫愐重為刊定，易名為《唐韻》。北宋真宗時期，陳彭年等據《切韻》《唐韻》增廣修訂，此即為《廣韻》。

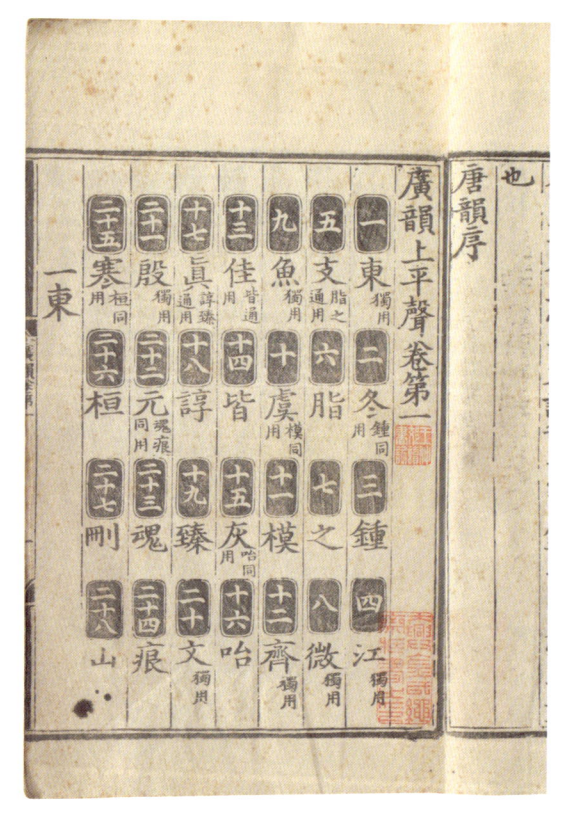

060 洪武正韻十六卷（省0072）

（明）樂韶鳳等撰，明嘉靖二十七年（1548）衡藩刻藍印本，五冊。半葉八行，行十二字，小字雙行二十四字，上下黑口，雙對黑魚尾，四周雙邊。板框21.5釐米×14.8釐米，開本29.8釐米×18.6釐米。館藏爲衡藩據內府頒發的《洪武正韻》重新刊刻，初刻藍印。

樂韶鳳（？—1380），字舜儀，直隸滁州全椒縣（今屬安徽）人。事蹟見《明史》本傳。《洪武正韻》爲明代官修韻書，參與修撰者有翰林侍講學士樂韶鳳、宋濂，翰林院待制王僎，翰林院修撰李允淑，翰林院編修朱右等。書成於洪武八年（1375），宋濂奉敕作序。衡藩初封於成化二十三年（1487），治所在山東青州府。衡藩富藏書，多佳槧秘本。

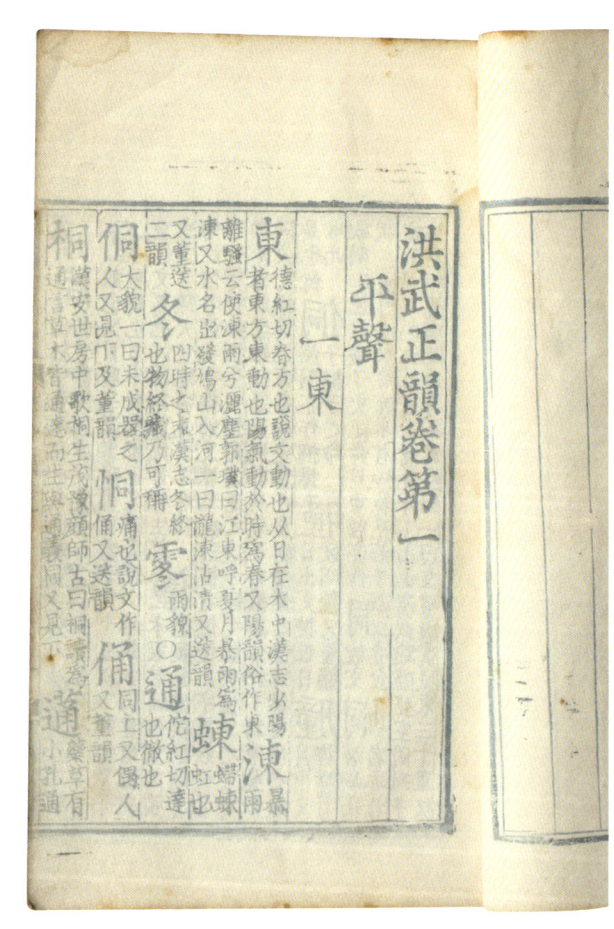

061 本韻一得二十卷（省0074）

（清）龍為霖撰，清乾隆十六年（1751）刻本，十冊。半葉九行，行二十四字，小字雙行同，白口，單黑魚尾，四周雙邊。板框20釐米×12.6釐米，開本23.9釐米×14.1釐米。鈐有"綿州儒學之記""四川國學館所藏金石圖書之印""戎馬書生""願華長好人長壽月長圓"等印。

龍為霖（1689—1756），字雨蒼，號鶴坪，四川巴縣（今屬重慶）人。康熙四十八年（1709）進士，曾官潮州知府。

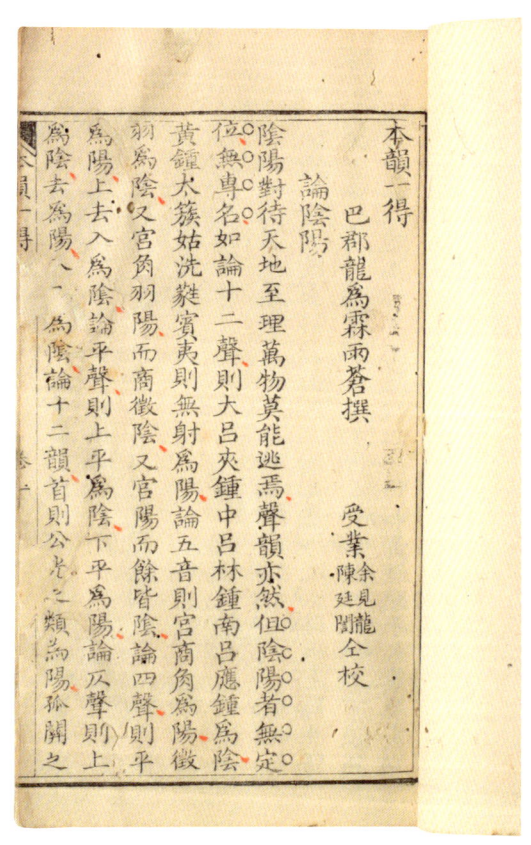

062 通志二百卷（省0077）

（宋）鄭樵撰，清乾隆十二年（1747）武英殿刻本，一百四十四冊。半葉十行，行二十一字，小字雙行同，白口，單黑魚尾，左右雙邊。版心上方鐫有"乾隆十二年校刊"。板框21.8釐米×15.1釐米，開本28.4釐米×17.6釐米。鈐有"求善價而沽諸""少泉蔡氏珍藏""四川總督管巡協事關防""尊經書院監院鈐記"等印。

鄭樵（1104—1162），字漁仲，自號西溪逸民，興化軍莆田（今屬福建）人。曾任樞密院編修，世稱夾漈先生。《通志》包括帝紀、皇后列傳、年譜、略、列傳諸部，其中二十略最爲後世推崇。

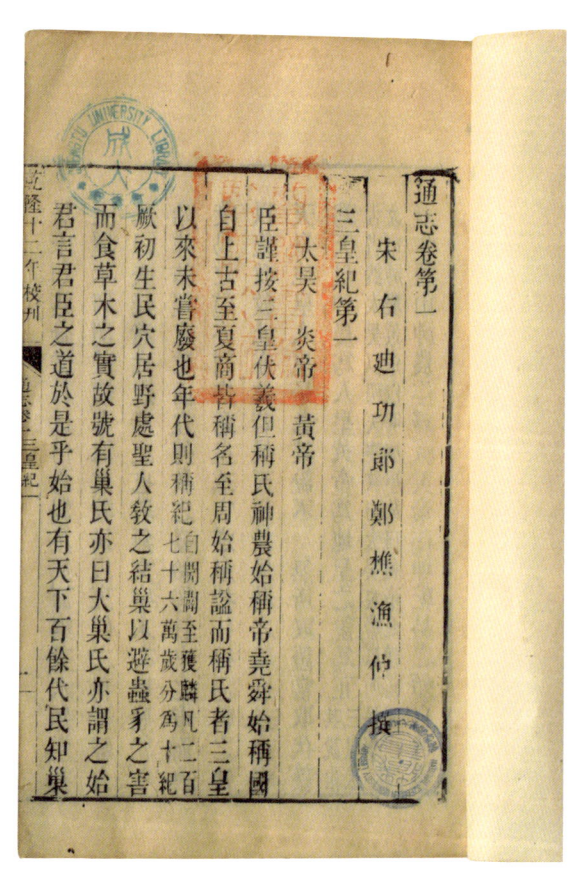

063 三國志六十五卷（省0079）

（晋）陳壽撰，（南朝宋）裴松之注，明萬曆二十四年（1596）南京國子監刻本，二十四册。半葉十二行，行二十三字，白口，左右雙邊。版心下方鐫刻工姓名及本版字數，版心上方鐫"萬曆二十四年刊"。板框21.2釐米×14.6釐米，開本27.2釐米×16.9釐米。鈐有"看云廎""云月研軒主人""大學文淵閣士章""玩物喪志一字不遺""劉氏惟喆珍藏""中憲大夫章""太山文獻""子孫保之""惟吉藏書""仁圃藏書"等印。

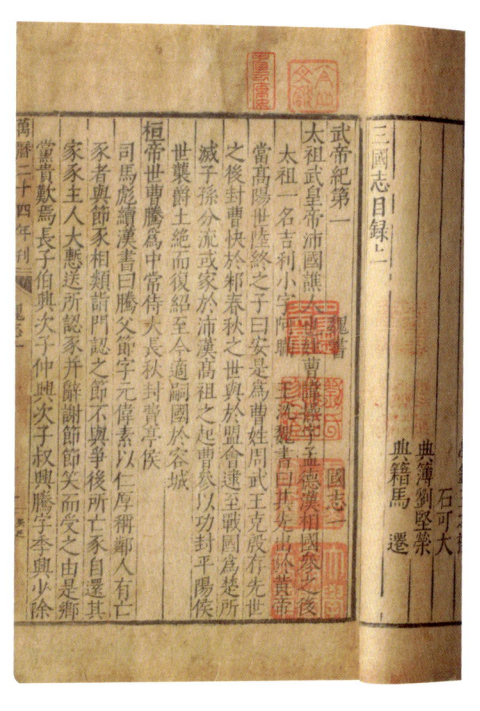

陳壽（233—297），字承祚，巴西郡安漢縣（今四川南充）人。曾任蜀漢觀閣令史，入晉後歷任著作郎、治書侍御史等。事蹟見《晉書》本傳。裴松之（372—451），字世期，河東郡聞喜縣（今山西聞喜）人。曾於南朝劉宋時期任中書侍郎等職。事蹟見《宋書》本傳。《三國志》紀事起於魏文帝黃初元年（220），終於晉武帝太康六年（285），敘述魏、蜀、吳三國史事，文筆簡潔，剪裁得體，與《史記》《漢書》《後漢書》合稱"前四史"。南朝劉宋時期，裴松之爲《三國志》作注，廣搜博採，補缺備異，懲妄論辨，引書多達二百餘種。

064 宋書一百卷（省0080）

（南朝梁）沈約撰，明萬曆二十二年（1594）南京國子監刻、清順治康熙遞修本，二十八冊。半葉九行，行十八字，小字雙行同，白口，雙順黑魚尾，四周雙邊，版心上鐫"萬曆二十二年刊""順治十六年刊""康熙三十九年刊"。板框22.1釐米×16.1釐米，開本25.7釐米×17.2釐米。鈐有"四川國學院所藏金石圖書之印""四川國學院圖書之記"等印。館藏此本爲明代南京國子監刻"二十一史"之一，板片在清代有遞修。

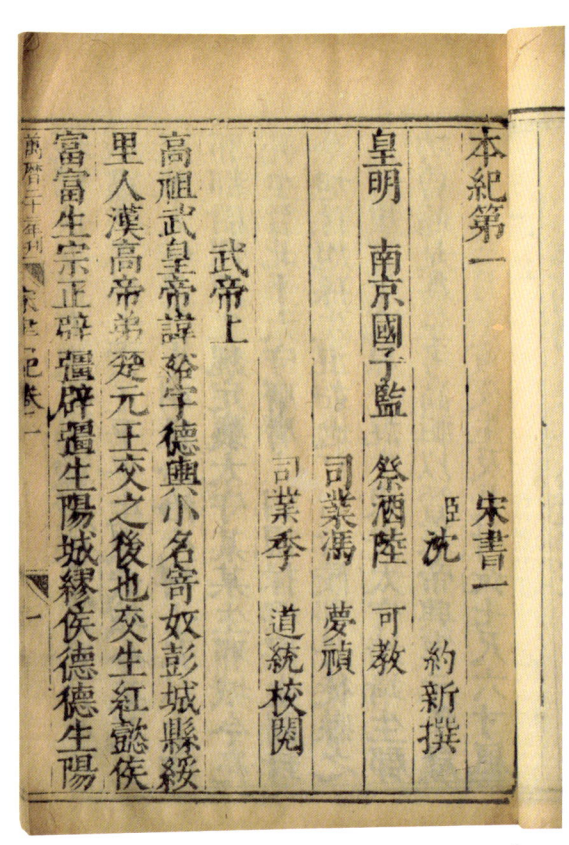

沈約（441—513），字休文，吳興郡武康縣（今浙江德清）人。歷仕南朝宋、齊、梁朝，事蹟見《梁書》本傳。齊永明五年（487），沈約奉詔撰《宋書》，記述上起東晉義熙元年（405），下迄宋順帝昇明三年（479）七十多年間史事。

065 宋書一百卷（省0081）

（南朝梁）沈約撰，明萬曆二十六年（1598）北京國子監刻本，四十八冊。半葉十行，行二十一字，小字雙行同，白口，單黑魚尾，左右雙邊，版心上方鐫"萬曆二十六年刊"。板框23釐米×15釐米，開本28釐米×17.3釐米。鈐有"四川國學院所藏金石圖書之印"。館藏此本爲明代北京國子監刻"二十一史"之一。

沈約（441—513），字休文，吳興郡武康縣（今浙江德清）人。歷仕南朝宋、齊、梁朝，事蹟見《梁書》本傳。齊永明五年（487），沈約奉詔撰《宋書》，記述上起東晉義熙元年（405），下迄宋順帝昇明三年（479）共七十多年間史事。

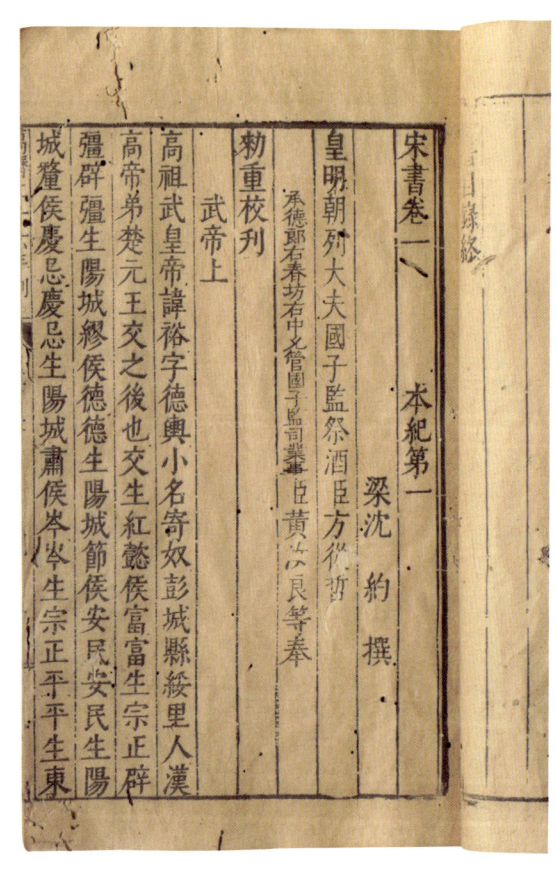

066 南史八十卷（省0082）

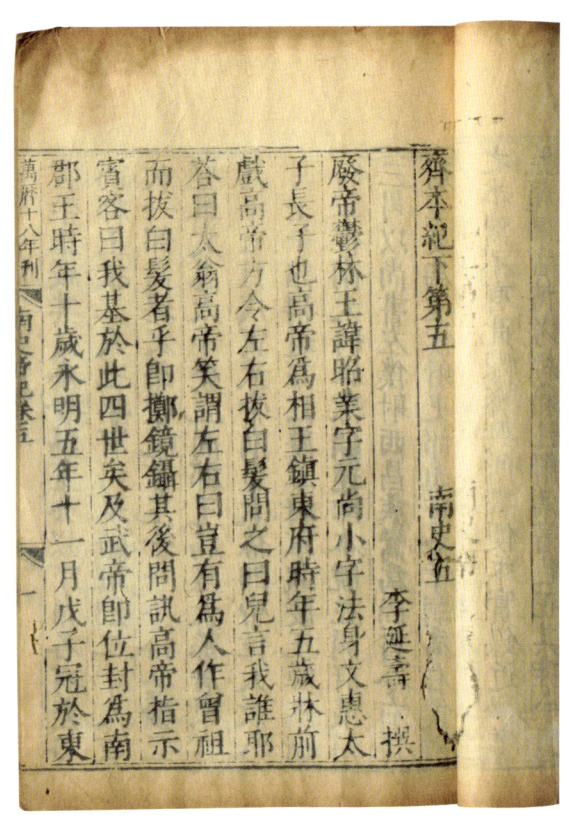

（唐）李延壽撰，明萬曆南京國子監刻、明清遞修本，二十二册。半葉九行，行十八字，小字雙行同，白口，雙順黑魚尾，四周雙邊。版心上鐫"萬曆十年刊""萬曆十九年刊""崇禎十一年助廳韋校刊""順治十五年刊""康熙三十九年刊""乾隆二十四年刊"等字。板框20.3釐米×15釐米，開本25.4釐米×15.8釐米。鈐有"四川國學院圖書之記"朱印。館藏此本爲明代南京國子監刻"二十一史"之一，板片在清代有遞修。

李延壽（生卒年不詳），字遐齡，相州（治今河南安陽）人。累官至崇賢館學士、符璽郎，兼修國史。事蹟附見新、舊《唐書·令狐德棻傳》後。李延壽承父志纂修南北朝史書，《南史》紀事跨宋、齊、梁、陳四朝，上起宋武帝永初元年（420），下迄陳後主禎明三年（589）。

067 北史一百卷（省0083）

（唐）李延壽撰，明萬曆南京國子監刻本，六十冊。半葉九行，行十八字，小字雙行同，黑口，雙順黑魚尾，四周雙邊。版心下鐫刻工和字數，版心上鐫"萬曆十九年刊""萬曆二十年刊"等字。板框20.6釐米×15釐米，開本26.1釐米×16.5釐米。鈐有"四川國學館所藏金石圖書之印"朱印。館藏此本爲明代南京國子監刻"二十一史"之一。

李延壽（生卒年不詳），字遐齡，相州（治今河南安阳）人。累官崇賢館學士、符璽郎，兼修國史。事蹟附見新、舊《唐書·令狐德棻傳》後。李延壽承父志纂修南北朝史書，《北史》記述

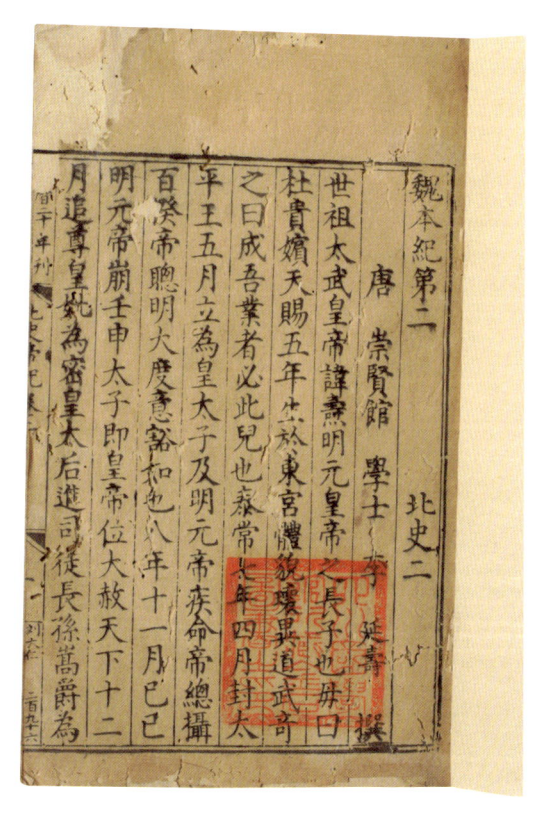

北魏、西魏、東魏、北周、北齊、隋六代史事，上起北魏道武帝登國元年（386），下迄隋恭帝義寧二年（618）。李延壽家居北方，多識北方見聞，《北史》撰述較《南史》更爲詳贍。

068 唐書二百二十五卷釋音二十五卷

（省0084）

唐書二百二十五卷，（宋）歐陽脩、宋祁等撰。釋音二十五卷，（宋）董沖撰。明南京國子監刻明清遞修本，四十二冊。半葉十行，行二十二字，小字雙行同，黑口，雙順黑魚尾，四周雙邊，版心下方刻本板字數，上方鎸有"成化十八年""嘉靖八年補刊""萬曆四年""崇禎三年""順治十五年刊"等字。板框22.7釐米×16釐米，開本25.6釐米×17釐米。鈐有"四川國學院圖書之記"朱印。館藏此本爲明代南京國子監刻"二十一史"之一，板片在明清兩代屢經遞修。存二百三十五卷（《唐書》卷一至一百四、卷一百二十至二百二十五，《釋音》卷一至二十五）。

歐陽脩（1007—1072），字永叔，號醉翁、六一居士，廬陵吉水（今江西吉安）人。天聖八年（1030）進士，累官至翰林學士、參知政事等。事蹟見《宋史》本傳。宋祁（998—1061），字子京，安州安陸（今屬湖北）人。天聖二年（1024）進士，累官至翰林學士、史館修撰等。事蹟見《宋史》本傳。五代劉昫撰有《唐書》，宋仁宗以其"紀次無法，詳略失中，文采不明，事實零落"，於嘉祐五年（1060）敕令重修。書成之後，即被列爲正史，歷來刻本遠多於劉昫之《唐書》。清代武英殿刻"二十四史"，始於卷端加"新"字，以別劉昫之《唐書》。

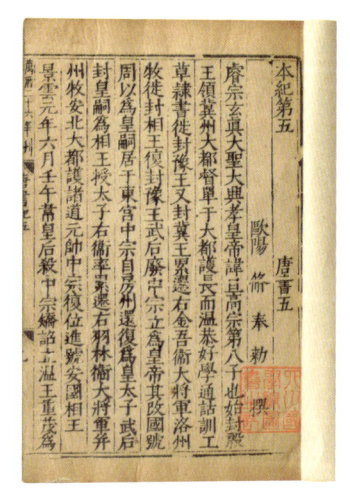

069 五代史記七十四卷（省0085）

（宋）歐陽脩撰，（宋）徐無黨注，明南京國子監刻清順治、康熙遞修本，四冊。半葉十行，行二十一字，小字雙行同，上下黑口，雙順黑魚尾，四周雙邊，版心偶記刻工及字數，上方刻修板年代。板框20.8釐米×14.9釐米，開本25.3釐米×16.8釐米。鈐有"四川存古學堂所藏金石圖書之印"朱印。佚名朱筆批校。館藏此本爲明代南京國子監刻"二十一史"之一，板片在明清兩代屢經遞修。存三十九卷（卷一至二十四、卷六十至七十四）。

歐陽脩（1007—1072），字永叔，號醉翁、六一居士，廬陵吉水（今江西吉安）人。天聖八年（1030）進士，累官至翰林學士、參知政事等。事蹟見《宋史》本傳。徐無黨（生卒年不詳），婺州永康（今屬浙江）人，皇祐五年（1053）進士，曾隨歐陽脩學古文辭，頗受稱勉。《五代史記》爲歐陽脩私修史書，上起後梁開平元年（907）朱溫稱帝，下迄後周顯德七年（960）恭帝遜位。歐陽脩去世後，朝廷下詔取其書付國子監開雕，列爲正史，與薛居正所修《五代史》並行。《四庫全書總目》評價《五代史記》曰："大致襃貶祖《春秋》，故義例謹嚴。敘述祖《史記》，故文章高簡。而事實則不甚經意。"

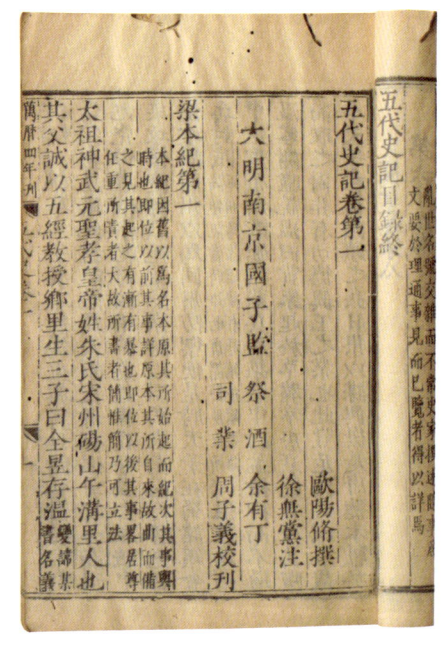

070 東都事略一百三十卷（省0086）

（宋）王稱撰，清振鷺堂覆刻宋眉山程舍人宅本，八冊。半葉十二行，行二十四字，細黑口，雙對黑魚尾，左右雙邊，版心上方記本版字數，版心下方記刻工姓名"高大全"。板框18.9釐米×13.0釐米，開本25.2釐米×16.2釐米。鈐有"月潭書屋珍藏""无攻人之惡""華西協合大學哈佛燕京學社"等印。館藏此本爲清初振鷺堂影刻南宋本。

王稱（生卒年不詳），字季平，眉州（今四川眉山）人，官至承議郎、知龍州。其父王賞紹興間曾爲實錄修撰，王稱克承家學，採太祖至欽宗九朝事蹟，撰成《東都事略》一百三十卷，凡本紀十二，世家五，列傳一百五，附錄八。洪邁《進書表》稱其書"信而有證，可以據依"，《四庫全書總目》稱其"敘事約而該，議論亦皆持平"。《東都事略》曾在南宋時期由眉山程舍人宅刊，傳本罕見，《中國古籍善本書目》著錄最早者爲明鈔本。

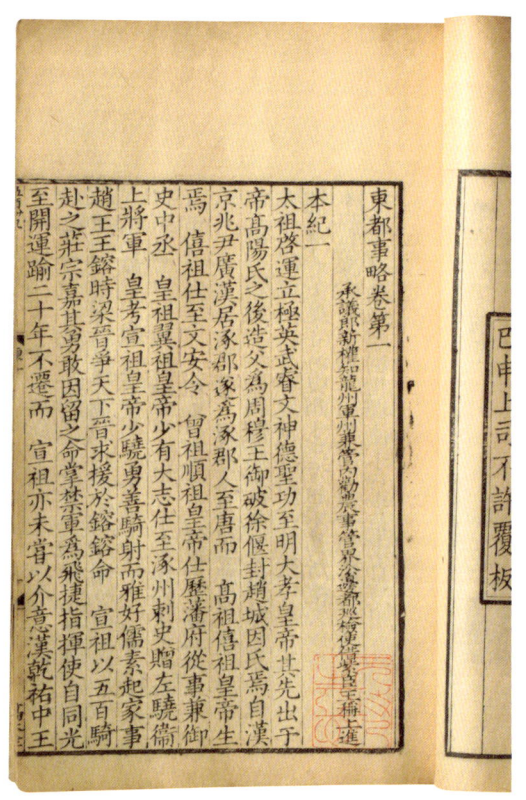

071 遼史一百十六卷（省0087）

（元）脫脫等撰，明嘉靖八年（1529）南京國子監刻，清順治、康熙、乾隆遞修本，十六冊。半葉十行，行二十二字，白口，雙順黑魚尾，四周雙邊。版心上方刻"嘉靖八年刊""崇禎七年刊""順治十六年刊""康熙三十九年刊""乾隆十六年刊"等字。板框20.8釐米×15.5釐米，開本25.7釐米×17釐米。鈐有"四川存古學堂所藏金石圖書之印""□氏揆卿藏書"二印。館藏此本爲明代南京國子監刻"二十一史"之一，在明清兩代屢經遞修。

脫脫（1314—1356），蔑里乞氏，字大用，蒙古族人，官至中書右丞相，事蹟見《元史》本傳。元修三史中，《遼史》最先修成，紀事起於耶律阿保機爲契丹部落主帥，迄於耶律延禧保大五年（1125）。其中《遊幸》《部族》《屬國》三表爲《遼史》的創新。

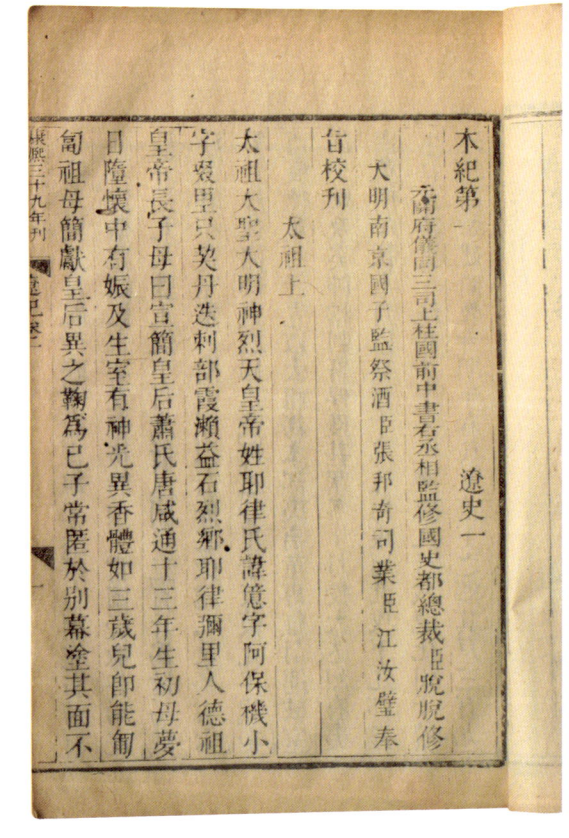

072 金史一百三十五卷（省0088）

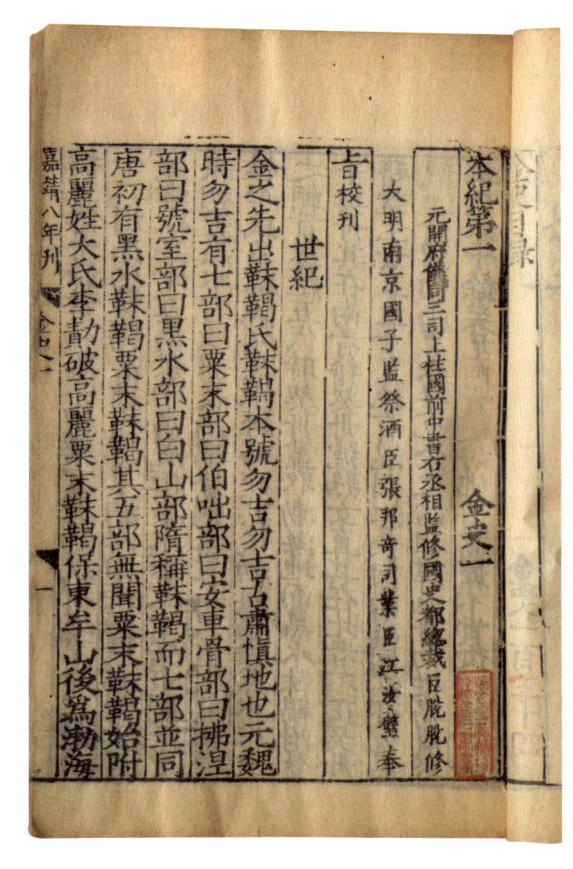

（元）脫脫等撰，明嘉靖八年（1529）南京國子監刻，清順治、康熙、乾隆遞修本，二十冊。半葉十行，行二十二字，小字雙行同，白口，雙順黑魚尾，左右雙邊，版心上方刻有"嘉靖八年刊""順治十五年刊"等字。板框21.3釐米×16.1釐米，開本27釐米×17.2釐米。鈐有"饕叟黃循珍藏金石書畫"朱印。館藏此本爲明代南京國子監刻"二十一史"之一，在明清兩代屢經遞修。

脫脫（1314—1355），蔑里乞氏，字大用，蒙古族人，官至中書右丞相，事蹟見《元史》本傳。至正三年（1343），詔修宋、遼、金三史，脫脫爲都總裁官，《金史》的實際纂修者爲鐵木兒塔識、賀惟一等。元修三史，一般認爲《遼史》簡略，《宋史》繁蕪，《金史》最爲得當。

073 資治通鑑二百九十四卷（省0089）

（宋）司馬光撰，明嘉靖二十三年至二十四年（1544—1545）孔天胤刻、萬曆十四年（1586）蘇濬重修本，八十冊。半葉十行，行二十字，小字雙行同，白口，單黑魚尾，左右雙邊，版心下記刻工姓名，部分葉次版心上方刻有"萬曆十四年"五字。板框20.8釐米×15.5釐米，開本26釐米×16.8釐米。鈐有"臣伍肇齡藏書""臣伍肇林藏書""百川借觀""曾在陳桐孫處"等印。有佚名批注。館藏此本爲嘉靖中提督浙江學校孔天胤刻於杭州、萬曆十四年蘇濬重修者。

司馬光（1019—1086），字君實，號迂叟，陝州夏縣（今山西夏縣）人。北宋仁宗景祐五年（1038）進士，官至尚書左僕射。事蹟見《宋史》本傳。治平二年（1065），司馬光受詔修史，元豐七年（1084）書成，神宗賜名《資治通鑑》。《資治通鑑》爲編年體史書，紀事起於周威烈王二十三年（前403），迄於後周世宗顯德六年（959），跨十六朝一千三百六十二年。

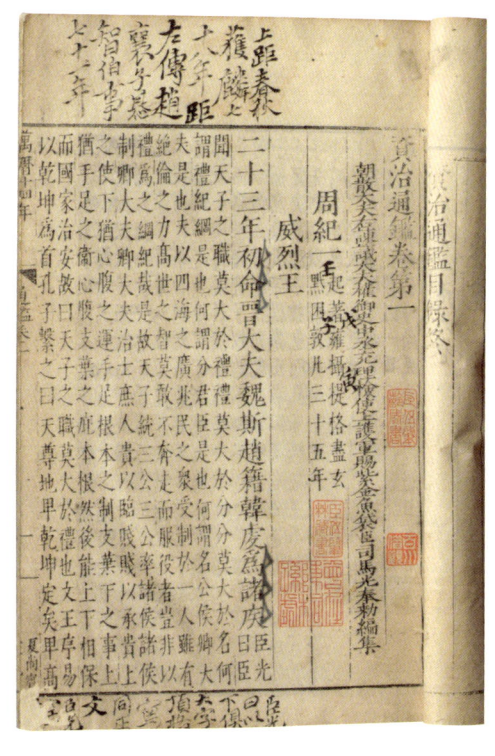

074 皇朝中興小紀四十卷（省0094）

（宋）熊克撰，清鈔本，二十冊。半葉九行，行二十字，小字雙行同。開本27.9釐米×17.4釐米。鈐有"燕庭""劉""燕庭藏書""劉喜海印""監理灤源書院鈐記"等印。館藏爲劉喜海所藏鈔本。

熊克（生卒年不詳），字子復，建陽（今屬福建）人，官起居郎兼直學士院，事蹟見《宋史》本傳。此書按年月日編輯南宋高宗朝建炎元年（1127）至紹興三十二年（1162）共三十五年史事，原名《中興小曆》，後避乾隆皇帝諱改爲《中興小紀》。《四庫全書總目》稱其"上援朝典，下參私記，綴緝連貫，具有倫理。其於心傳之書，亦不失先河之導"。原書久佚，今本係四庫館臣從《永樂大典》中輯出者。

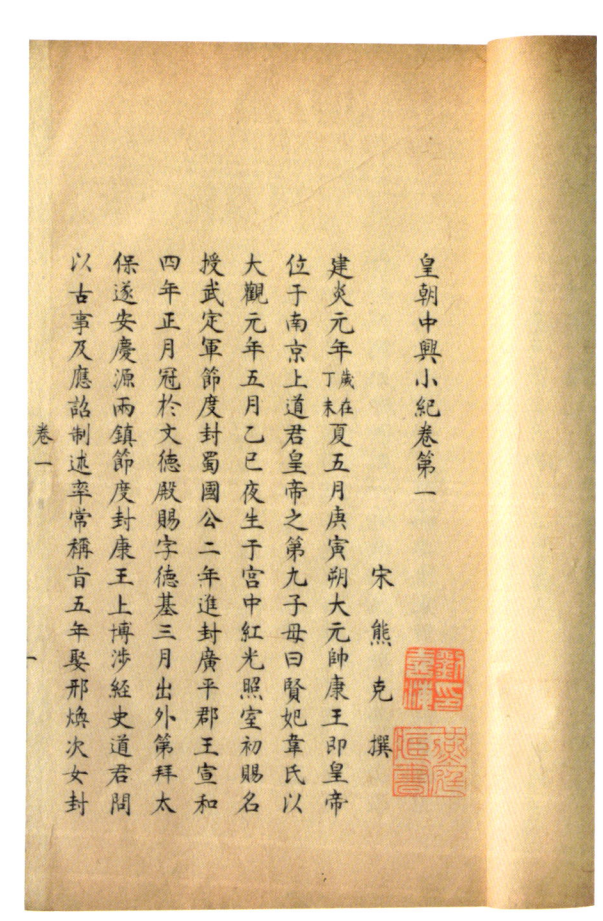

075 皇清開國方略三十二卷首一卷

（省0095）

（清）阿桂等纂，清乾隆五十一年（1786）內府刻本，三十二冊。半葉八行，行二十一字，小字雙行同，白口，單黑魚尾，四周雙邊。板框28.1釐米×20.4釐米，開本39.8釐米×25.5釐米。鈐有"運晟寶藏""淩川郎家藏書"二印。

阿桂（1717—1797），字廣廷，章佳氏，滿洲正白旗人，官至武英殿大學士兼軍機大臣。乾隆三十八年（1773），詔阿桂、梁國治、和珅等編撰《皇清開國方略》，意在追記清朝開國創業之艱辛歷程。乾隆五十一年（1786）成書。全書編年紀月，提綱列目，紀事起於清天命紀元前癸未年（1583，即明萬曆十一年）努爾哈赤起兵，終於順治元年（1644，即明崇禎十七年）清軍入關，順治即位。卷首另附《發祥世紀》，溯紀後金族源。

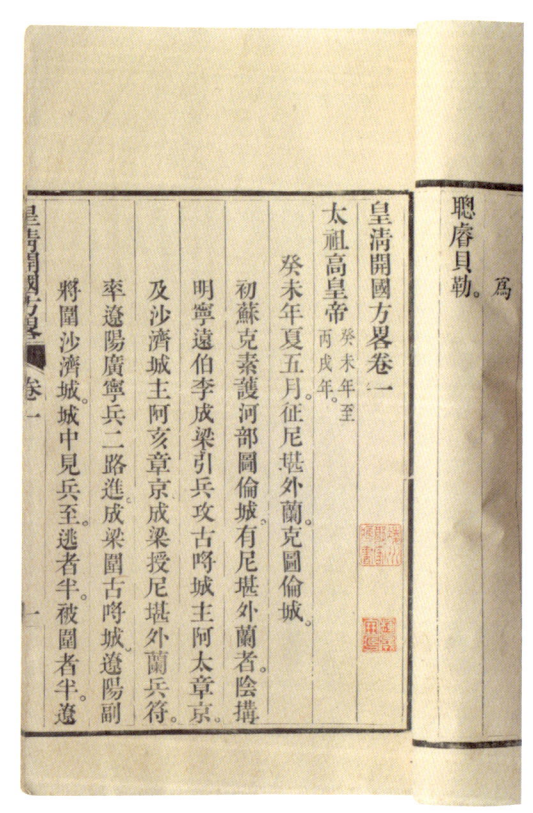

尊經閣藏書

076 金川紀略四卷（省0097）

（清）程穆衡撰，清鈔本，二冊。半葉九行，行二十三字，小字雙行同，無板框行格。開本24釐米×13.1釐米。鈐有"王文貞先生遺書圖記""溪山小農沽置"等印。書前附民國二十八年（1939）唐文治《鎮洋王文貞公遺書室記》一篇。

程穆衡（生卒年不詳），字惟淳，號近亭，江蘇太倉人。乾隆二年（1737）進士，曾官榆社知縣。《金川紀略》詳細記述清朝初年用兵瞻對和第一次征討金川的全過程。正文紀事起自乾隆八年（1743）十二月，止於乾隆十四年（1749）二月。注文紀事則延至乾隆二十一年（1756）。凡五萬餘字，卷前附手繪《大金川圖》一幅。《金川紀略》記載詳實，同時對金川之役的起因、過程和結果提供了新材料，提出了新見解。《金川紀略》書成之後並未刊刻，僅以鈔本流傳。

077 華陽國志十二卷（省0103）

（晉）常璩撰，清嘉慶十九年（1814）題襟館刻本，四冊。半葉十行，行二十字，小字雙行同，上下黑口，單黑魚尾，左右雙邊。板框17.7釐米×10.3釐米，開本27釐米×15.4釐米。鈐有"林季豐印""季豐"等印。館藏此本經民國時期蜀中先賢趙熙、林思進批注。

常璩（約291—約361），字道將，蜀郡江原（今四川崇州）人。強學好問，曾在成漢李期、李壽之世任史官。永和三年（347）桓溫伐蜀，常璩與王嘏等勸李勢降晉，並隨之遷往建康，然江左重中原故族，輕蜀人，璩時已老，常懷忼慎，遂不復仕進，哀削舊作，改寫成《華陽國志》。《華陽國志》所記地區屬《禹貢》九州之梁州，即今四川、雲南、貴州及甘肅、陝西、湖北部分區域，因其所記之地北界華山之陽，故名華陽。《華陽國志》融地理記載、編年紀事、人物傳記於一體，開後世方志纂修之先河。

078 全蜀土司記不分卷（省0108）

（清）佚名輯，清鈔本，一冊。半葉九行，字數不等，白口，無魚尾，四周雙邊。板框20.7釐米×13.8釐米，開本23.4釐米×15.4釐米。封面墨題"全蜀土司記/光緒己亥仲夏初十"。

《全蜀土司記》記述清代四川各地土司的設置情況、管轄範圍、人口、賦役、駐防設置、駐防官員薪資、報銷、恤養，協剿和征剿各地的時間及所用銀兩，各書院建築工程花費銀兩及來源，書院官員、教師、學生膏火亦有所涉及，是研究西南少數民族地區歷史不可多得的史料。

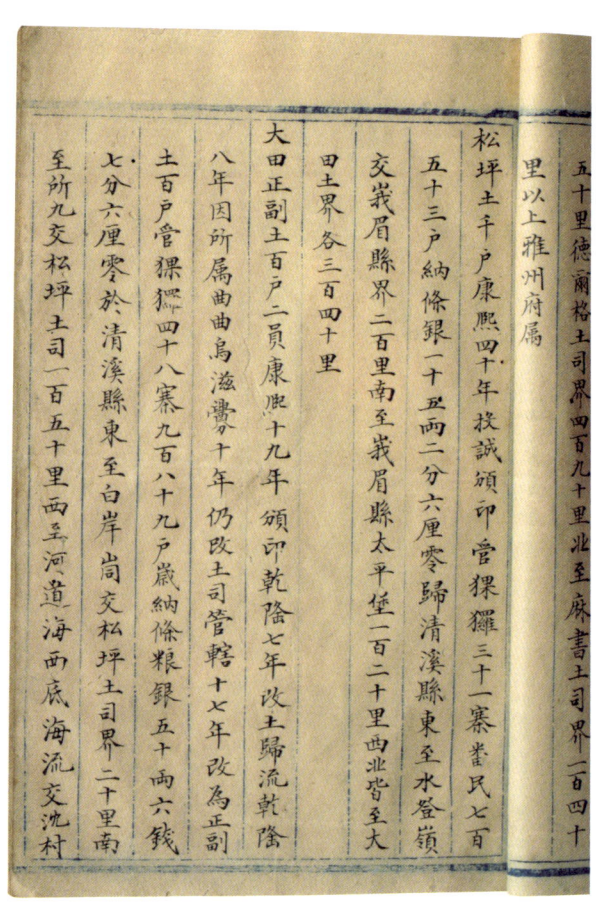

079 [雍正]上諭内閣一百五十九卷

（省0109）

（清）允祿等輯，清雍正九年（1731）内府刻乾隆六年（1741）武英殿續刻本，三十二册。半葉十一行，行二十一字，白口，單黑魚尾，四周雙邊。板框20.8釐米×14.8釐米，開本27.5釐米×17釐米。

允祿（1695—1767），康熙帝第十六子，雍正年間歷任正藍旗、鑲白旗、正黃旗都統。雍正七年（1729），和碩莊恪親王允祿等奉詔繕錄刊佈上諭，所載起於雍正元年（1723），止於雍正七年（1729）。乾隆即位，復命和碩和恭親王弘晝編次雍正八年（1730）至十三年（1735）間的上諭，校正續刻，補爲全書。

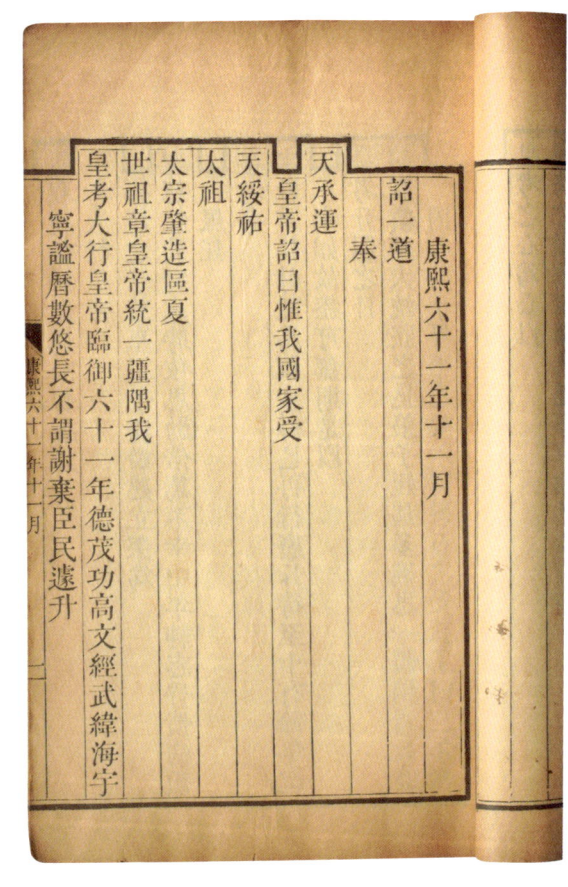

080 [雍正]硃批諭旨不分卷（省0110）

　　（清）世宗[胤禛]敕纂，清乾隆三年（1738）內府刻朱墨套印本，一百十一冊。半葉十行，行二十一字，白口，單黑魚尾，四周雙邊。板框20.5釐米×14.7釐米，開本26.8釐米×17.6釐米。鈐有"四川總督管巡協事關防""尊經書院監院鈐記""四川高等學堂所藏金石圖書之印"等印。

　　此書爲清內府刊刻朱墨套印，臣工奏摺墨印，雍正帝批語朱印。

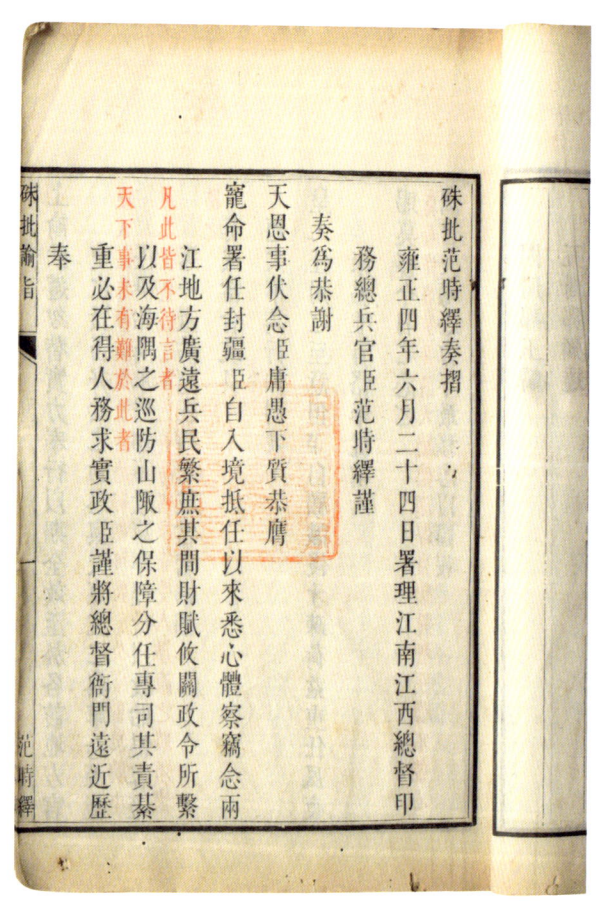

081 荊川先生右編四十卷（省0112）

（明）唐順之編纂，（明）劉曰寧補遺，（明）朱國禎校定，明萬曆三十三年（1605）南京國子監刻本，六十冊。半葉十行，行二十字，小字雙行同，白口，單白魚尾，左右雙邊，版心記刻工姓名及本板字數。板框22.3釐米×14.5釐米，開本27.5釐米×16.7釐米。鈐有"國立四川大學圖書館藏"朱印。

唐順之（1507—1560），字應德，一字義修，武進（今屬江蘇常州）人。嘉靖八年（1529）進士。官至右僉都御史，曾與胡宗憲在浙江協同抗倭，天啟中追諡襄文。事蹟見《明史》本傳。唐順之於學無所不窺，盡取古今載籍，割裂補綴，區分部居，編為左、右、文、武、僧、稗六編。《荊川先生右編》所錄皆為歷代名臣奏議，凡二十一門。書未定而順之歿，萬曆間焦竑得殘本，梓於南京國子監。

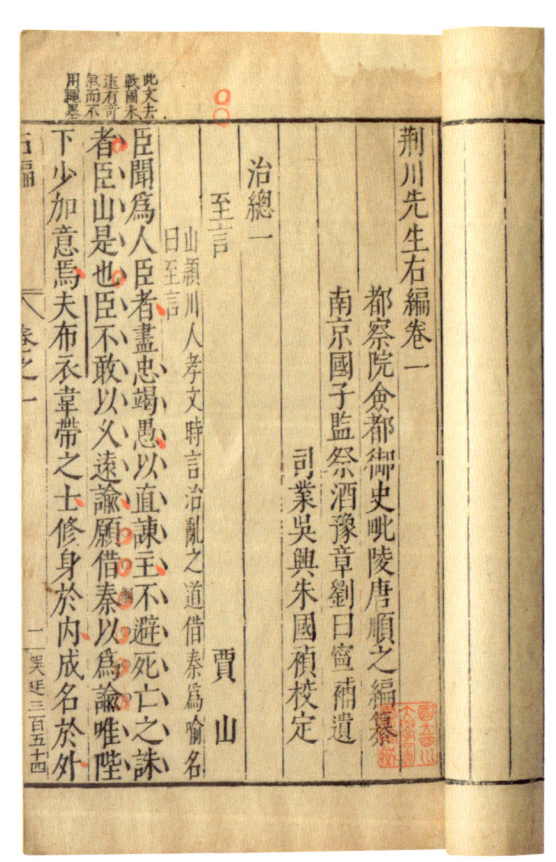

082 張允隨奏疏稿不分卷（省0115）

（清）張允隨撰，清乾隆中鈔本，十冊。半葉十一行，行二十三字，無行格。開本28.1釐米×18釐米。鈐有"華西協合大學圖書館"朱印。有一九六三年岳清澄題記。

張允隨（1693—1751），字觀臣，號時齋，漢軍鑲黃旗人。官至雲貴總督、東閣大學士兼禮部尚書，卒諡文和，事蹟見《清史稿》本傳。

張允隨在雲貴主政期間頗有建樹，《奏疏稿》所收即爲張氏於雍正八年（1730）至乾隆十六年（1751）間所作奏疏，内容涉及水利交通、鑄造錢幣、開發銅礦等事宜。《張允隨奏疏稿》未見刻本，僅有鈔本傳世。雲南大學曾據本館所藏油印行世，收入《雲南史料叢刊》中。

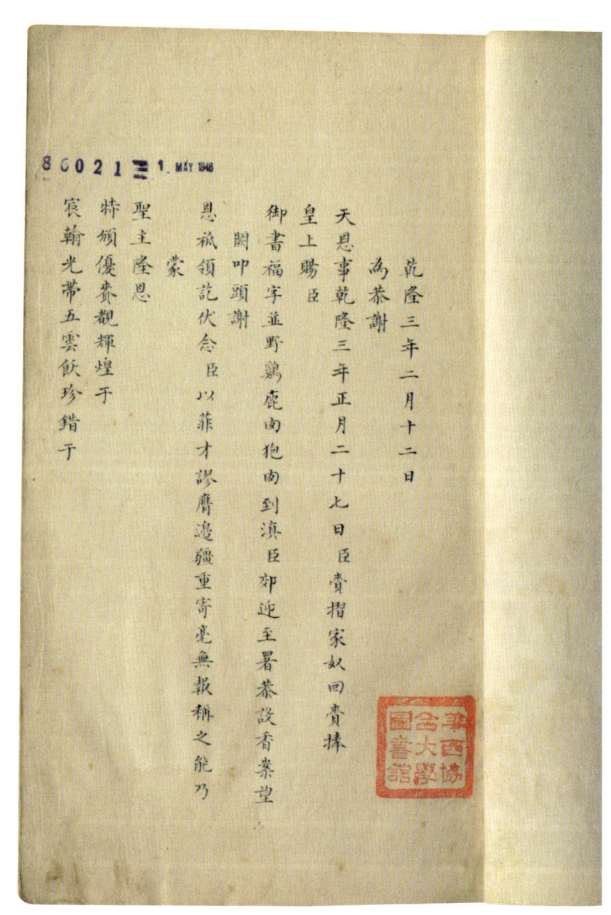

083 伊洛淵源續錄六卷（省0119）

（明）謝鐸撰，明嘉靖八年（1529）高賁亨刻本，二冊。半葉十行，行二十字，白口，單黑魚尾，左右雙邊。板框19.6釐米×14.5釐米，開本24.9釐米×16.2釐米。

謝鐸（1435—1510），字鳴治，浙江人。天順八年（1464）進士，曾官國子監祭酒。南宋時期，朱熹編撰《伊洛淵源錄》，以居住在伊川和洛水的程顥、程頤兄弟爲中心，兼及周敦頤、邵雍、張載及其弟子的傳記資料，排纂理學譜系，梳理理學淵源。《伊洛淵源續錄》爲謝鐸續朱熹《伊洛淵源錄》而作，成書於弘治九年（1496），收錄羅從彥、李桐以下二十三人，梳理朱學脈絡，以明朱學正統。嘉靖八年（1529）高賁亨刊刻《伊洛淵源錄》，《續錄》附刊於後。

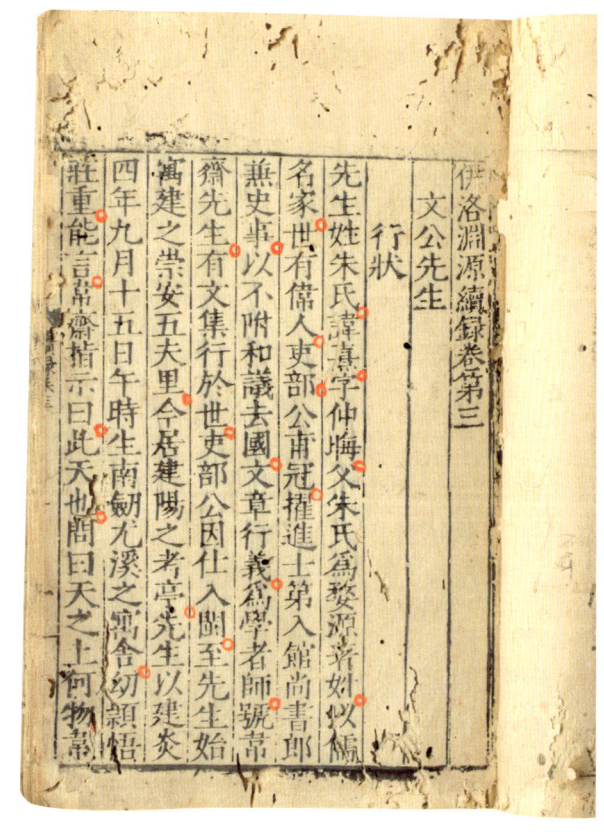

084 海虞錢氏家乘二卷（省0123）

（清）錢謙益撰，清鈔本，三冊。半葉十行，行十八字，小字雙行不等。開本26.6釐米×17.5釐米。

錢謙益（1582—1664），字受之，號牧齋，晚號蒙叟，蘇州府常熟縣（今江蘇常熟）人。萬曆三十八年（1610）進士，以詩歌、藏書見稱於世，事蹟見《清史稿》本傳。

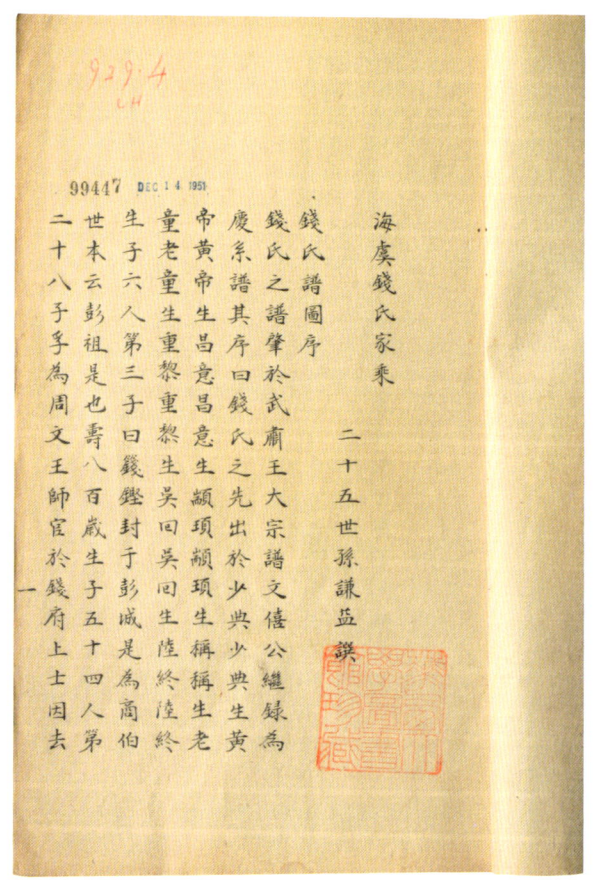

085 [道光]鄰水縣志四卷首一卷

（省0135）

（清）廖寅、李嘉祐修，（清）蔣夢蘭等纂，清道光元年（1821）刻本，四册。半葉九行，行二十一字，小字雙行同，白口，單黑魚尾，四周單邊。板框20.2釐米×13.6釐米，開本24.4釐米×15.3釐米。鈐有"崇寧羅氏寄庋存古學堂書籍"朱印。

廖寅（1751—1824），字亮工，號復堂，四川鄰水人。乾隆六十年（1795）舉人，官至兩淮鹽運使。事蹟見《清史稿》本傳。康熙四十六年（1707），知縣徐枝芳纂修《鄰水縣志》，此爲鄰水修志之始。廖寅所修《鄰水縣志》，前後歷四任知縣。全書四卷，析爲星野、疆域、山川、形勝等四十八個細目。

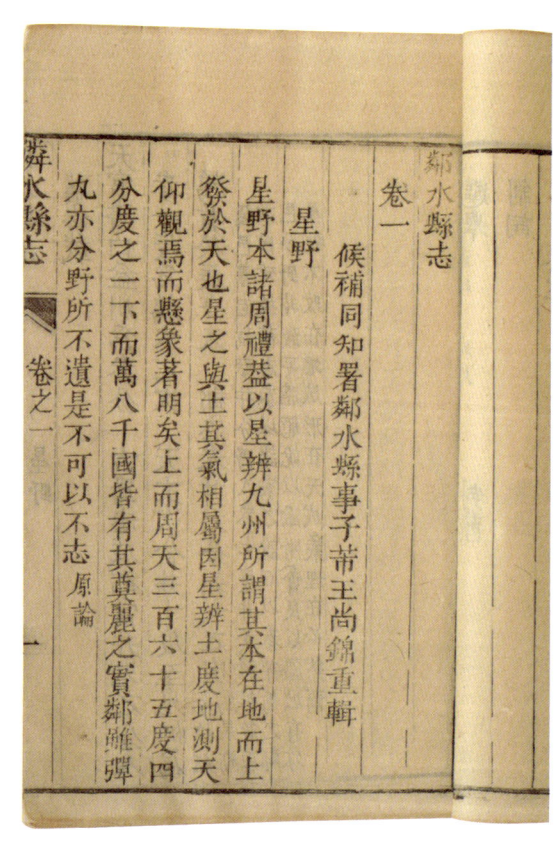

086 通典二百卷（省0148）

（唐）杜佑撰，明嘉靖刻本，四十册。半葉十行，行二十三字，小字雙行同，上下黑口，雙順黑魚尾，四周雙邊，版心有刻工姓名和字數。板框21.3釐米×15釐米，開本26.3釐米×16.6釐米。

杜佑（735—812），字君卿，京兆萬年（今陝西西安）人。官至司徒，以太子太保致仕，卒謚安簡。事蹟見新、舊《唐書》本傳。杜佑於大曆年間始著《通典》，貞元十七年（801）成書，備敘歷代典章制度之沿革變遷，按類纂輯。《四庫全書總目》稱："考唐以前之掌故者，茲編其淵海矣。"

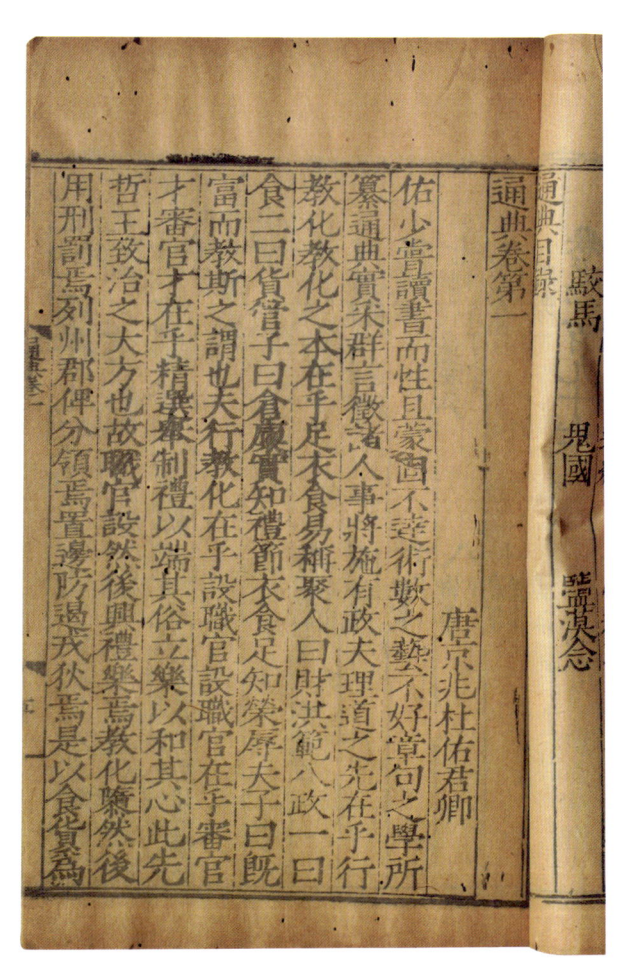

087 五代會要三十卷（省0151）

（宋）王溥纂，清鈔本，八冊。半葉十行，行二十四字，小字雙行同，白口，左右雙邊。板框22.3釐米×14.3釐米，開本28釐米×17釐米。鈐有"歸安陸樹聲叔桐父印""樹聲珍藏""綬珊六十以後所得書畫""九峰舊廬藏書記""雙鑑樓藏書印""藏園""藏園居士""增湘""稔白荆川太史""曹大鐵圖書記""菱花館""常熟曹大鐵鑒定印""西莊""虞山曹氏收藏圖書""曹大鐵攷藏記""菱花館""暫得於己快然自足""四川大學圖書館藏書"等印。

王溥（922—982），字齊物，并州祁（今屬山西）人。五代後漢乾祐間進士，入宋後加同中書門下平章事，監修國史，封祁國公，卒謚安定。事蹟見《宋史》本傳。《四庫全書總目》曰："五代干戈倥傯，百度陵夷。故府遺規，多未暇修舉。然五十年間法制典章，尚略具於累朝實錄。溥因檢尋舊史，條分件繫，類輯成編。於建隆二年與《唐會要》並進，詔藏史館。"《五代會要》詳述典章，所引詔令、奏議多未經刪改，足補新舊《五代史》之未備。

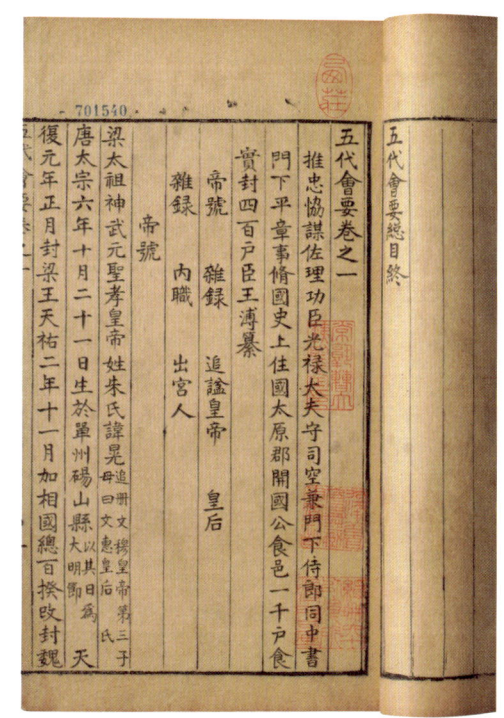

088 六子全書六十卷（省0162）

（明）顧春輯，明嘉靖十二年（1533）顧春世德堂刻本，四十冊。半葉八行，行十七字，小字雙行同，白口，單白魚尾，四周雙邊，版心上刻"世德堂刊"，下方偶記刻工姓名。板框19.3釐米×14.3釐米，開本30.1釐米×19.1釐米。鈐有"華陽林氏清寂堂藏""清寂翁"和"華西大學圖書館珍藏"朱印。

顧春，生平仕履不詳。六子者，即《老子道德經》（二卷）、《南華真經》（十卷）、《衝虛至德真經》（八卷）、《荀子》（二十卷）、《新纂門目五臣注揚子法言》（十卷）、《中說》（十卷）。

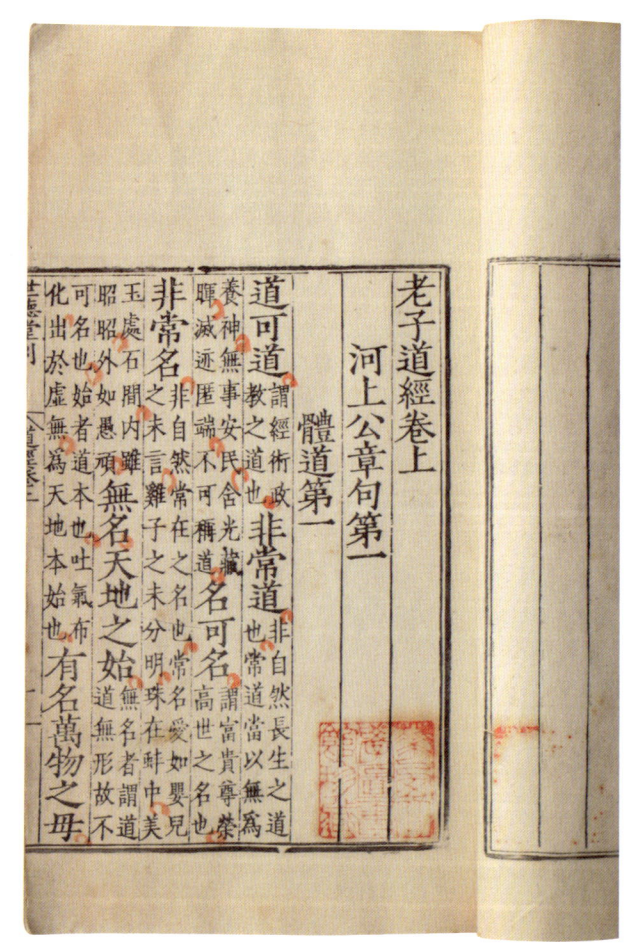

089 大學衍義四十三卷（省0167）

（宋）真德秀撰，明嘉靖六年（1527）司禮監刻本，二十冊。半葉八行，行十四字，小字雙行同，上下黑口，雙順黑魚尾，四周雙邊。板框22.3釐米×16.6釐米，開本29.7釐米×18.8釐米。鈐有"華西大學圖藏"白文印。

真德秀（1178—1235），字希元，建寧浦城（今福建浦城）人。慶元五年（1199）進士，拜參知政事，進資政殿學士，卒謚文忠。事蹟見《宋史》本傳。《大學衍義》成於紹定二年（1229）。全書以《大學》條目爲經，附以經史，每條之下，先列聖賢典訓，次列古今事蹟，諸儒釋經論史有發明者亦予附列，旨在"正君心、肅宮闈、抑權倖"。嘉靖六年（1527），世宗詔令講官以《大學衍義》進講，復以書板在內局，寫刻未精，命司禮監重刻以傳。

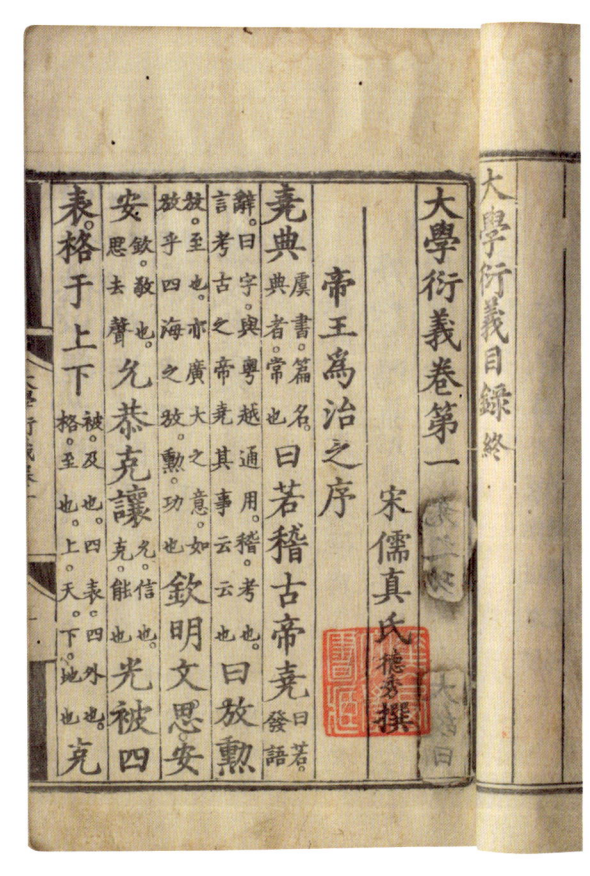

090 日知薈說四卷（省0170）

（清）高宗[弘曆]撰，清乾隆元年（1736）內府刻本，六冊。半葉七行，行十八字，白口，單黑魚尾，四周雙邊。板框19.1釐米×14釐米，開本26.4釐米×17.1釐米。鈐有"泉塘耀松楊祉昌經眼"朱印。

《日知薈說》爲乾隆皇帝登基以前日課選本，分爲"帝王治化之要""天人性命之旨""禮樂法度之用""古今行事之過"四卷，計二百六十則。"日知"一詞出自《論語》："日知其所亡，月無忘其所能，可謂好學也已矣。"

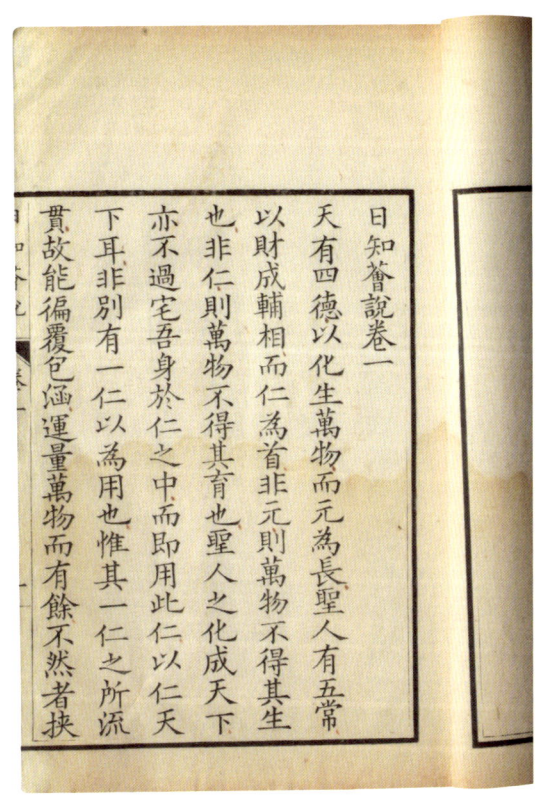

091 劉止唐先生手稿不分卷（省0171）

（清）劉沅撰，稿本，六帙。此稿爲《子問》《俗言》之部分內容，多所塗抹勾乙，與傳世刻本有所差異。另附信札六幅，述及此稿入藏經過，係劉沅後人劉懷亮轉託向楚售與四川大學圖書館者。

劉沅（1767—1855），字止唐，一字訥如，道號青陽居士、碧霞居士，四川雙流人。乾隆五十八年（1793）鄉試中舉，道光六年（1826）選授天門縣令、國子監典簿。辭歸後以授徒講學爲務，著有《槐軒全書》，被稱爲"川西夫子"。事蹟見《清史列傳》。

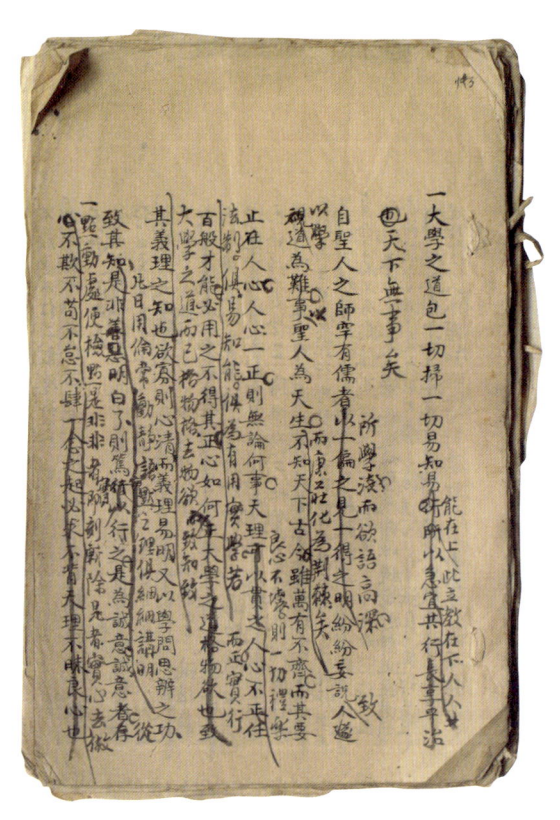

092 欽定儀象考成三十卷首二卷

（省0189）

（清）戴進賢等撰，清乾隆中內府刻本，十二冊。半葉九行，行二十字，白口，單黑魚尾，四周雙邊。板框14.3釐米×20.4釐米，開本17.5釐米×28釐米。

戴進賢（1680—1746），字嘉賓，德國傳教士。康熙五十六年（1717）抵京，供職於欽天監。雍正三年（1725）任欽天監監正。《欽定儀象考成》於乾隆九年（1744）奉敕撰寫，乾隆十七年（1752）告成，御製序文頒行。

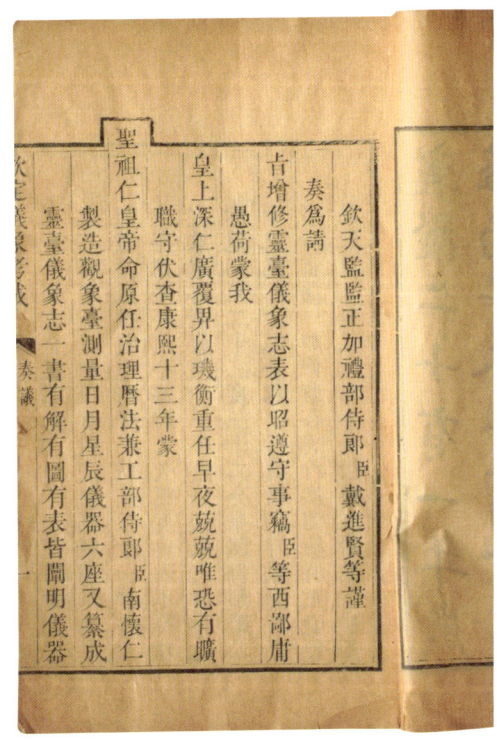

093 庚子銷夏記八卷附閒者軒帖考一卷（省0193）

（清）孫承澤撰，清乾隆二十六年（1761）錢塘鮑氏知不足齋刻後印本，二冊。半葉十行，行二十字，上下黑口，雙對黑魚尾，左右雙邊。板框19.1釐米×12.5釐米，開本28.5釐米×17.3釐米。有題翁方綱乾隆四十四年（1779）跋，佚名過錄何焯批注。鈐有"小蓬萊閣""翁方綱定""翁方綱""正三""主考兩江"等印。

孫承澤（1593—1676），字耳伯，號北海，又號退谷，順天府上林苑（今北京大興）人。崇禎四年（1631）進士，入清後官至吏部左侍郎，贈太子太保銜。孫承澤精於鑒賞，順治十六年（1659）致仕後作《庚子銷夏記》，品評所藏金石書畫。《四庫全書總目》稱其"議論之中，間有考據"，"鑒裁精審，敘次雅潔"。此書爲乾隆年間錢塘鮑廷博、慈溪鄭竺刊刻，由余集、張賓鶴手書上板。

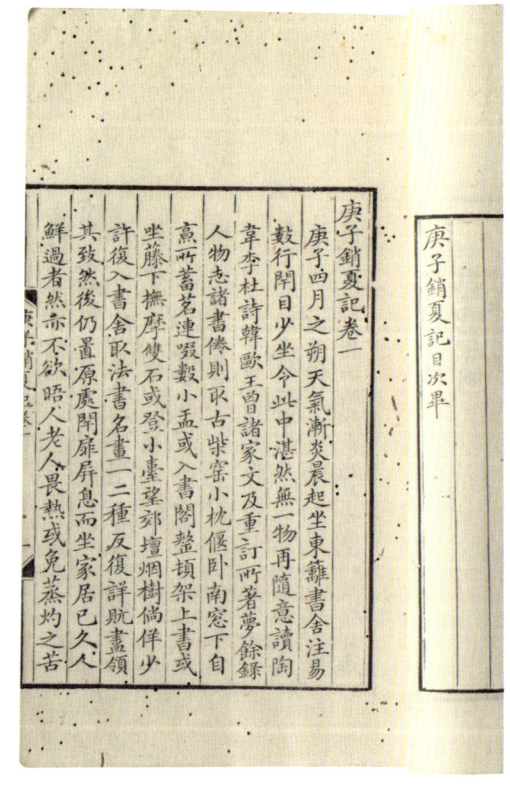

094 丹鉛總錄二十七卷（省0209）

（明）楊慎撰，明嘉靖三十三年（1554）梁佐刻本，十册。半葉十一行，行二十五字，白口，單黑魚尾，四周雙邊。板框22.1釐米×16.5釐米，開本28.6釐米×18.4釐米。鈐有"華西大學圖書館珍藏"朱印。

楊慎（1488—1559），字用脩，號升菴，四川新都人。正德六年（1511）進士，授翰林院修撰，後以諫大禮謫戍滇中。事蹟見《明史》本傳。丹鉛者，丹砂與鉛粉，古人用以校正文字者。又云楊慎以丹鉛言己罪臣之身，以泄憤懣。李調元云："考先生著書目錄中，以丹鉛命名者凡有十種"，皆爲考訂文字異同者。嘉靖中，楊慎以丹鉛諸稿授梁佐，梁佐刪同校異，分類編次，合之曰《丹鉛總錄》，捐俸刊行。

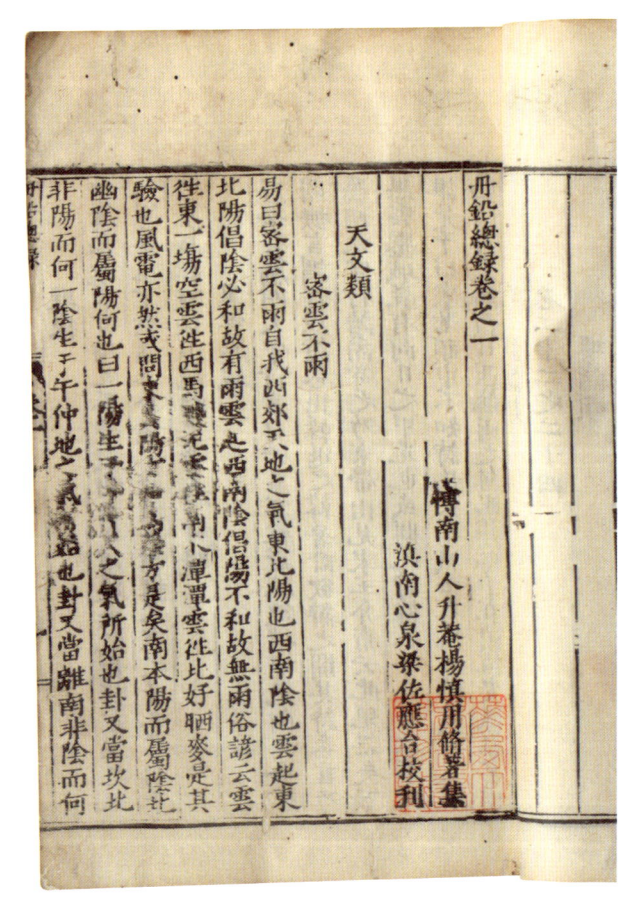

095 聊齋志異十二卷（省0218）

（清）蒲松齡撰，清乾隆初黃炎熙選鈔本，十册。半葉十行，行三十六字。鈐有"紅蕉書屋""莫使金尊空對月""文在其中""天地一沙鷗""覺今是而昨非""午倦一方藤枕晨興半炷名香""玉殿書仙"等印。存十卷（卷一、卷三至十一）。館藏此本爲乾隆年間黃炎熙選鈔，篇目次第、文字與傳世諸本多有差異。

黃氏鈔本《聊齋志異》初爲山陰謝桐生家藏，咸豐中謝氏避天平軍之亂，攜書入蜀，華西協合大學劉黎仙教授以《八關齋帖》易歸，後入藏華西協合大學圖書館。

蒲松齡（1640—1715），字留仙，別號柳泉居士，濟南府淄川（今屬山東淄博）人。《聊齋志異》係蒲松齡所撰文言短篇小說集。

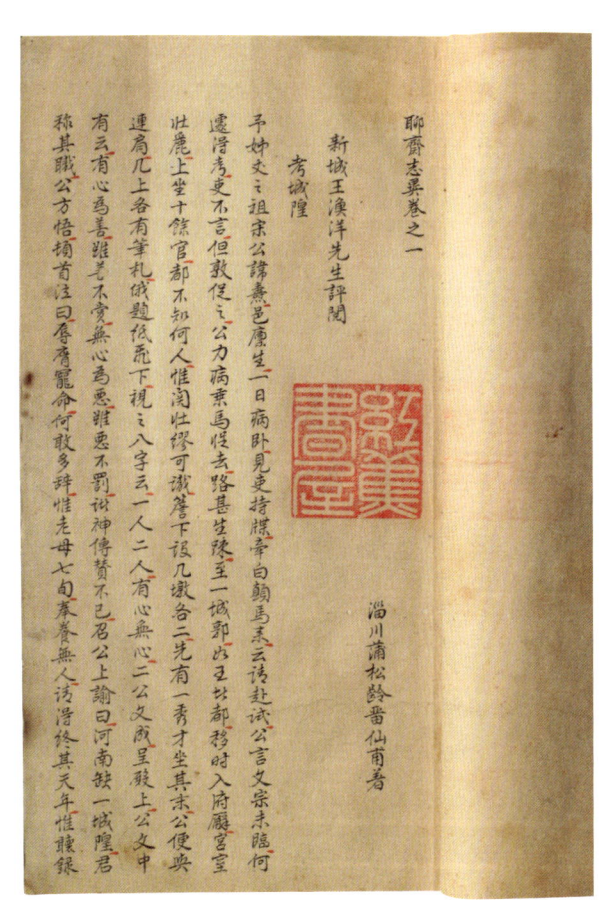

096 唐宋白孔六帖一百卷目錄二卷

（省0222）

（唐）白居易、（宋）孔傳輯，明嘉靖刻本，五十冊。半葉十行，行十八字，小字雙行同，白口，單白魚尾，左右雙邊，版心下記刻工姓名。板框18.2釐米×14.3釐米，開本26.8釐米×16.3釐米。鈐有"華西協合大學燕京學社""華大中國文學系圖書館"二印。

白居易（772—846），字樂天，晚號香山居士，又號醉吟先生，華州下邽（今陝西渭南）人。唐德宗貞元十六年（800）擢進士第，官至刑部尚書。事蹟見新、舊《唐書》本傳。孔傳（約1065—約1139），字世文，兗州仙源（今山東曲阜）人。《文獻通考》載唐白居易撰有《六帖》三十卷，宋孔傳撰有《後六帖》三十卷，不知何人將二書合編爲一，又析爲百卷。此書仿《北堂書鈔》體例，雜採群籍，分類編次，細目一千三百有餘。

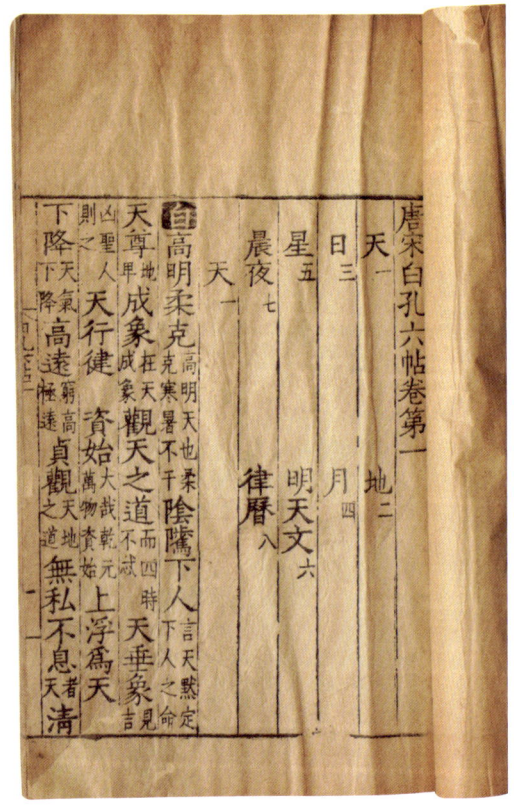

097 錦繡萬花谷前集四十卷後集四十卷續集四十卷別集三十卷

（省0226）

不著撰人名氏，明嘉靖刻本，十册。半葉十二行，行二十一字，白口，左右雙邊。板框19.2釐米×13.1釐米，開本25.5釐米×16.2釐米。存四十卷（續集卷一至四十）。

《錦繡萬花谷》成於南宋淳熙年間，作者名姓失載。《四庫全書總目》稱其所錄"大抵瑣屑叢碎，參錯失倫"，"不免榛楛雜陳，有乖體要"，然而"其中久經散佚之書"，"頗賴此以存崖略"，"又每類後用《藝文類聚》例，附錄詩篇，亦頗多逸章賸什，爲他本所不載"，"未嘗不足爲考證之資也"。

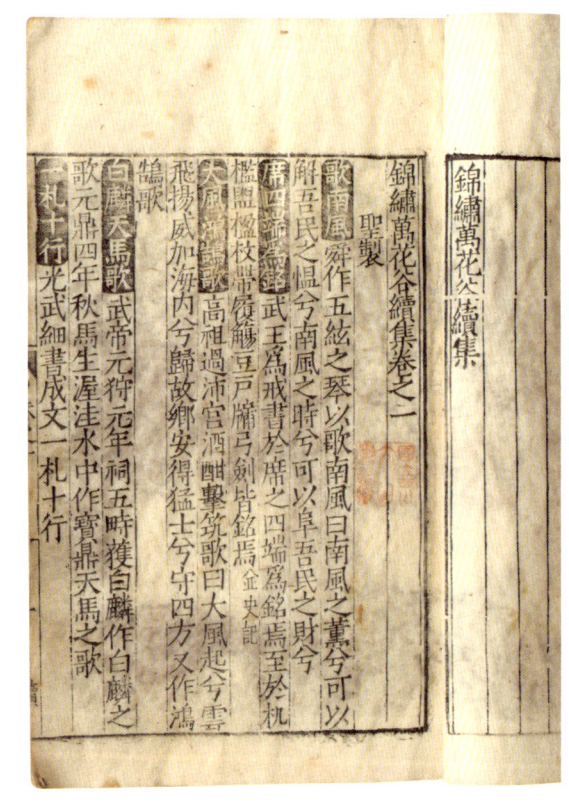

098 新編事文類聚翰墨全書甲集十二卷乙集十八卷丙集十二卷丁集十四卷戊集五卷己集十二卷庚集二十四卷辛集十卷壬集十二卷癸集十一卷（省0228）

（元）劉應李輯，元刻本（乙、丙、丁、戊、己集配以明初刻大全本），六十六冊。半葉十四行，行二十四字，小字雙行同，上下黑口，雙順黑魚尾，四周雙邊。板框15.4釐米×10.5釐米，開本18.8釐米×12.4釐米。鈐有"虞山錢曾遵王臧書""遵王""錢曾之印""七峰""唐鴻昌""大關唐少公流覽所及""紹坡""少坡鑒定""如此至寶存豈多"等印。存一百二十五卷（甲集卷二至十二，乙集卷一、卷三至九、十三至十八，丙集卷一至十二，丁集卷一至十四，戊集卷一至五，己集卷一至十二，庚集卷一至二十四，辛集卷一至十，壬集卷一至十二，癸集卷一至十一）。

劉應李（生卒年不詳），字希泌，建寧建陽（今屬福建）人。咸淳十年（1274）進士。是書仿祝穆《事文類聚》之例，分二十五門。《四庫全書總目》稱其"採摭頗博，而蹖駁亦甚"，然其所輯錄文獻可爲研究宋元典章制度、社會文化提供史料。

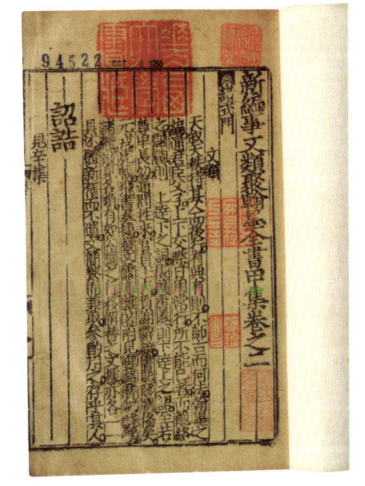

099 淵鑑類函四百五十卷目錄四卷

（省0230）

（清）張英等輯，清康熙四十九年（1710）內府刻本，一百四十冊。半葉十行，行二十一字，小字雙行同，上下黑口，雙順黑魚尾，四周雙邊。板框17.2釐米×11.7釐米，開本23.2釐米×14釐米。鈐有"藻印""楊无畺先生捐贈"朱印。

張英（1637—1708），字敦復，號樂圃，安徽桐城人。康熙六年（1667）進士，累官至文華殿大學士兼禮部尚書。事蹟見《清史稿》本傳。《淵鑑類函》為康熙敕撰官修類書，以明代俞安期《唐類函》為藍本，廣其條理，博採元明以前文章事蹟，臚綱列目，凡四百五十類，康熙四十九年（1710）由內府刊刻。

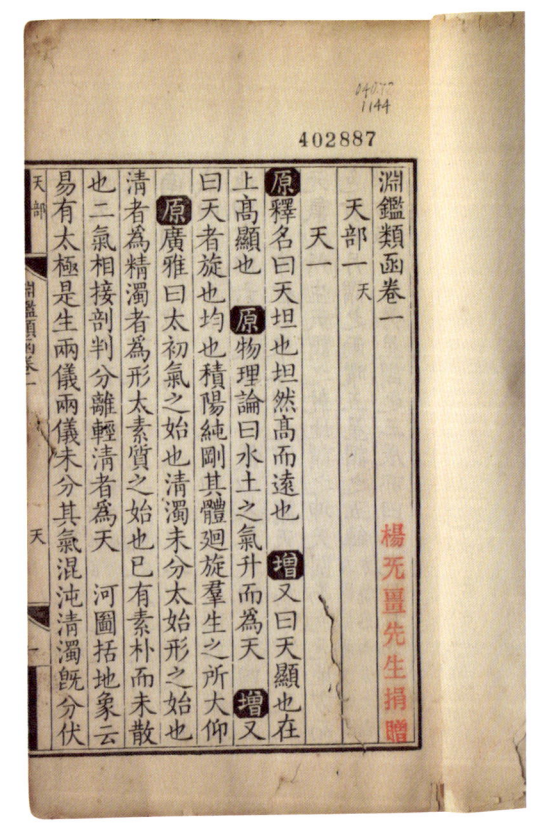

100 五燈會元二十卷（省0233）

（宋）釋普濟撰，明嘉靖四十年（1561）嘉興徑山寺募刻本，二十冊。半葉十行，行二十字，小字雙行同，白口，單黑魚尾，左右雙邊。卷一目錄末鐫有"徑山寺募緣比丘道興/比丘明潮/比丘法相刊一卷/比丘明欽刊三卷/比丘明慶刊二卷/集慶寺比丘德澄/板留嘉興府　縣　寺"，版心下刻有姓氏人名或齋號。板框19.3釐米×13.7釐米，開本26.7釐米×17.1釐米。

普濟（1179—1253），宋代高僧，俗姓張，號大川，明州奉化（今屬浙江）人。十九歲受戒，歷住浙江南部諸寺，終於靈隱寺，事蹟見《靈隱大川禪師行狀》。"傳燈錄"，係記載禪宗歷代法師傳法機緣的典籍。五燈者，即《景德傳燈錄》《天聖廣燈錄》《建中靖國續燈錄》《聯燈會要》《嘉泰普燈錄》。普濟以五燈卷帙浩博，學者罕能通究，於是刪繁就簡，撮取要旨，彙編成書。《五燈會元》於禪宗世系分篇臚列，考宗論系，於釋氏源流本末指掌了然，嘉惠後學，亦使"燈錄"更合禪宗史書之體。

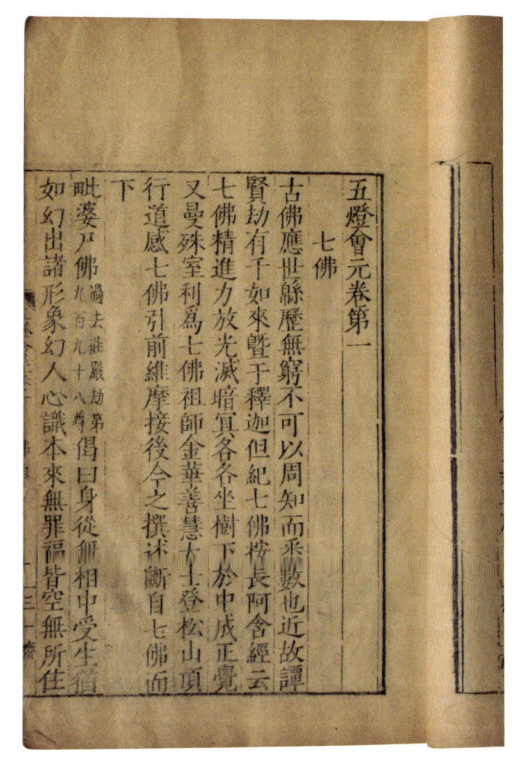

101 老子道德真經二卷音義一卷

（省0236）

題（漢）河上公章句，（唐）陸德明音義，明閔齊伋刻朱墨套印三子合刊本，一册。半葉九行，行十九字，小字雙行同，白口，四周單邊。板框21.4釐米×15.1釐米，開本27.2釐米×17.5釐米。封面墨筆題字"倪質衾珍藏"。

河上公，漢代人，生平事蹟不詳。陸德明（550—630），名元朗，蘇州吳縣人。唐代著名經學家。

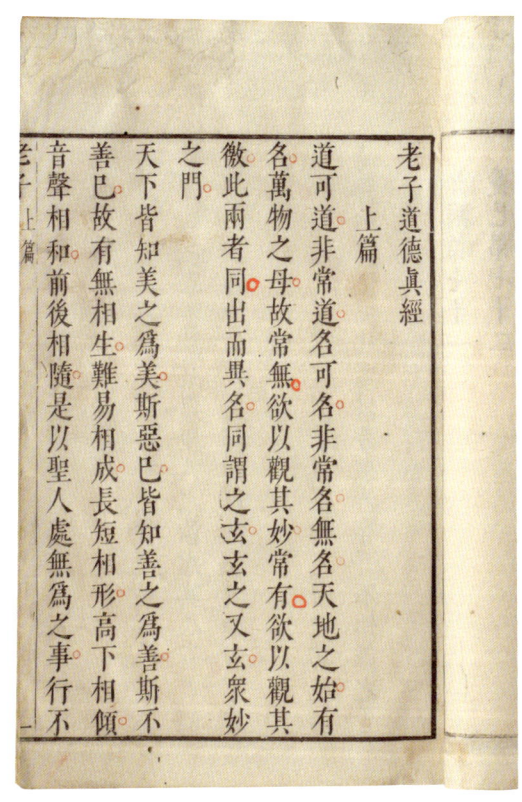

102 莊子南華真經四卷音義四卷

（省0238）

（唐）陸德明音義，明閔齊伋刻朱墨套印三子合刊本，四冊。半葉九行，行十九字，白口，四周單邊。板框21.8釐米×15.1釐米，開本26.8釐米×17.4釐米。鈐有"畢節路氏帥清珍臧書畫之印"朱印。

陸德明（550—630），名元朗，蘇州吳縣人。唐代著名經學家。

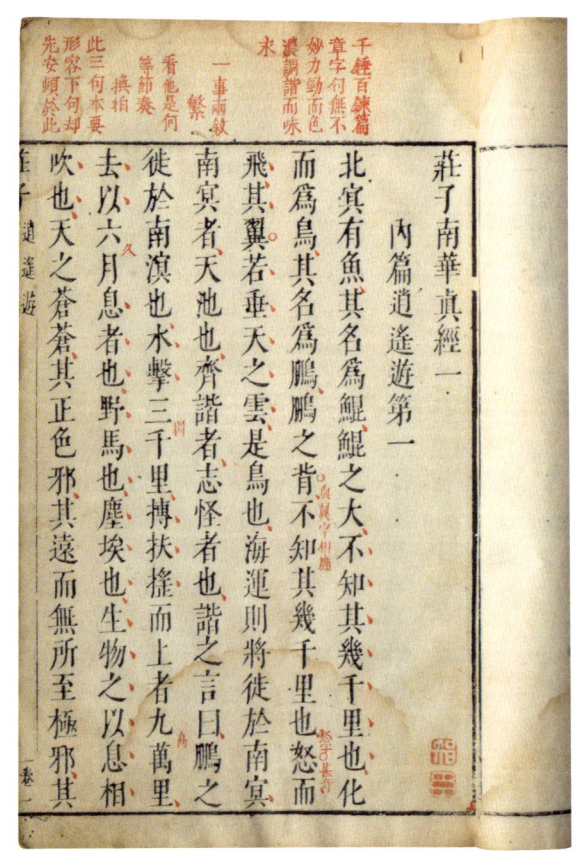

103 道藏五千三百五卷（省0239）

（明）張宇初等編，明正統十年（1445）至萬曆刻本。每折五行，行十七字，上下雙邊。開本27.7釐米×12.9釐米。存二千六百六十九卷。

張宇初（1359—1410），字子璿，又字信甫，別號耆山。明代正一派道士，洪武十年（1377）嗣任第四十三代天師。《道藏》之纂，始於永樂元年（1403），由道教天師張宇初、張宇清主持，按三洞四輔十二部分類，共收書一千三百四十種。明英宗正統九年（1444）始行刊板，名曰《正統道藏》。

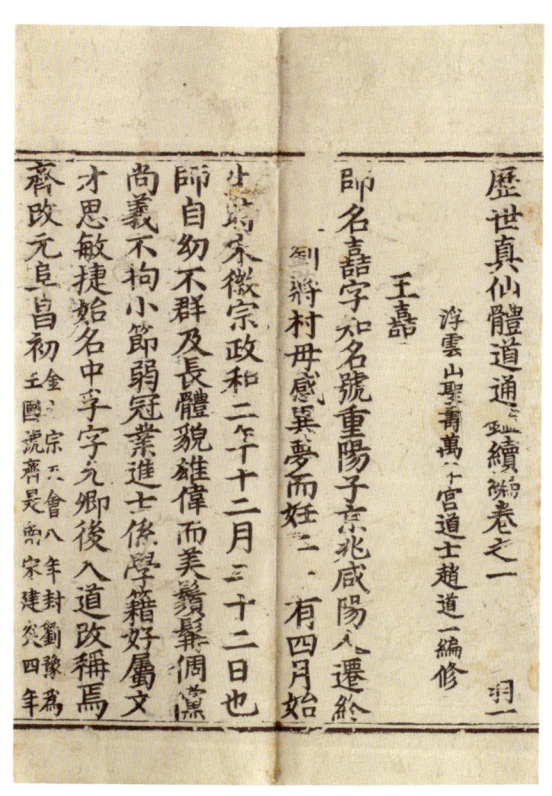

104 杜詩鏡銓二十卷年譜一卷附錄一卷（省0263）

（清）楊倫撰，清乾隆五十七年（1792）九柏山房刻本，八冊。半葉九行，行二十字，小字雙行三十一字，白口，單黑魚尾，四周單邊。內封刻"畢秋帆王蘭泉兩先生鑒定/杜詩鏡銓/九柏山房藏板"。板框18.4釐米×13.8釐米，開本25.1釐米×15.2釐米。鈐有"清寂翁""林季豐印""穀也豐下""季豐"等印。館藏此本爲林思進講授杜詩所用底本，書中多有批語，可爲研究林氏詩學思想之資。

楊倫（1747—1803），字敦五，一字西河，號羅峰，江蘇陽湖（今屬武進縣）人。乾隆四十六年（1781）進士，與孫星衍等並爲"毗陵七子"，晚年主講武昌江漢書院。事蹟見《清史稿》《清史列傳》。《杜詩鏡銓》成於乾隆五十六年（1791），題名取自杜詩《秋日夔府詠懷奉寄鄭監李賓客一百韻》之"金篦空刮眼，鏡象未離銓"。全書二十卷，收杜詩一千四百五十一首，編年爲序，詞語注釋附於句下，章法、字評置於行間或者書眉，前人以及楊氏評論全詩之語附於詩後，詩旁間有圈點，平正通達，體例簡明。九柏山房刻本爲《杜詩鏡銓》最初之刻本。

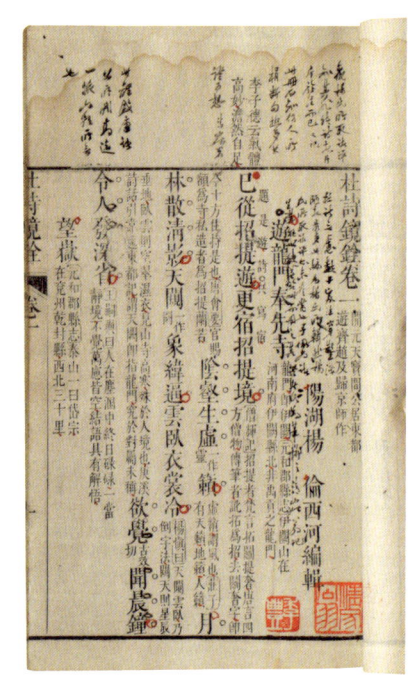

105 蘇長公小品四卷（省0283）

（宋）蘇軾撰，（明）王聖俞評選，明末凌啟康刻朱墨套印本，三冊。半葉八行，行十九字，白口，四周單邊。板框20.8釐米×14.4釐米，開本26.3釐米×17.3釐米。鈐有"林季豐印""春江""季鷹"等印。存三卷（卷二至四）。

蘇軾（1037—1101），字子瞻，號東坡居士，四川眉山人。仁宗嘉祐二年（1057）進士，與父蘇洵、弟蘇轍並稱"三蘇"，皆名列"唐宋八大家"。事蹟見《宋史》本傳。王聖俞，名納諫，號觀濤，江都（今屬江蘇）人，萬曆三十五年（1607）進士。王聖俞所編《蘇長公小品》原爲二卷，以蘇文中篇幅短小能怡情悅性者爲編選對象，圈點眉批，文末附以總評。明末凌啟康在王評之外，增加樓昉、唐順之、袁宏道等十餘家評語，精加讎校，重編爲四卷，且"精求善本，特倩名書，一則正楷篇牘，一則行草簡端，宋字宋文，恍睹汴京故物，今評今寫，以存昭代典章"，書、評異彩，朱墨爛然。

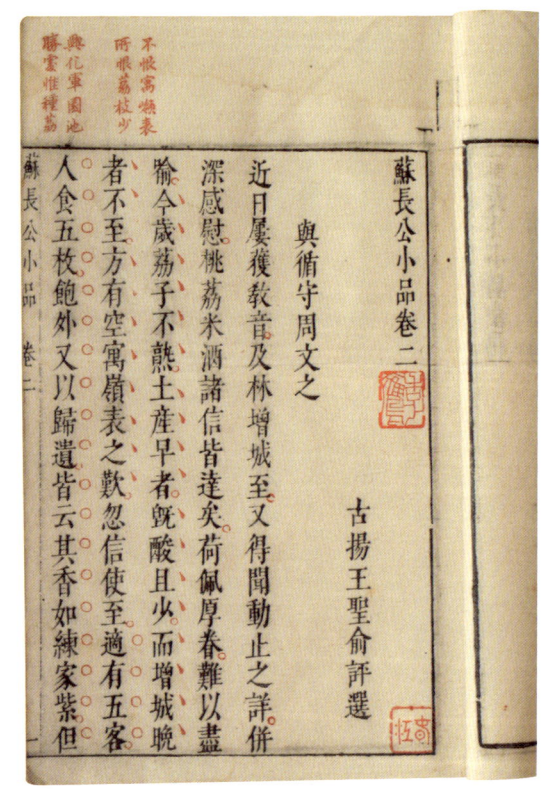

106 鳥鼠山人小集十六卷後集二卷可泉擬涯翁擬古樂府二卷擬漢樂府八卷補遺一卷（省0304）

（明）胡纘宗撰，明嘉靖刻、清顺治十三年（1656）周盛時修補匯印本，十六冊。各集刊刻時間不同，版式各異。卷末有《補刊鳥鼠集助貲姓氏》。板框16.9釐米×13.6釐米，開本23.2釐米×15.7釐米。

胡纘宗（1480—1560），字孝思，又字世甫，號可泉，又別號鳥鼠山人，秦州秦安（今屬甘肅天水）人。正德三年（1508）進士，授翰林檢討，官至右副都御史，巡撫河南。事蹟見《明史》本傳。鳥鼠山在秦安附近，胡纘宗因以自號，並以名集。

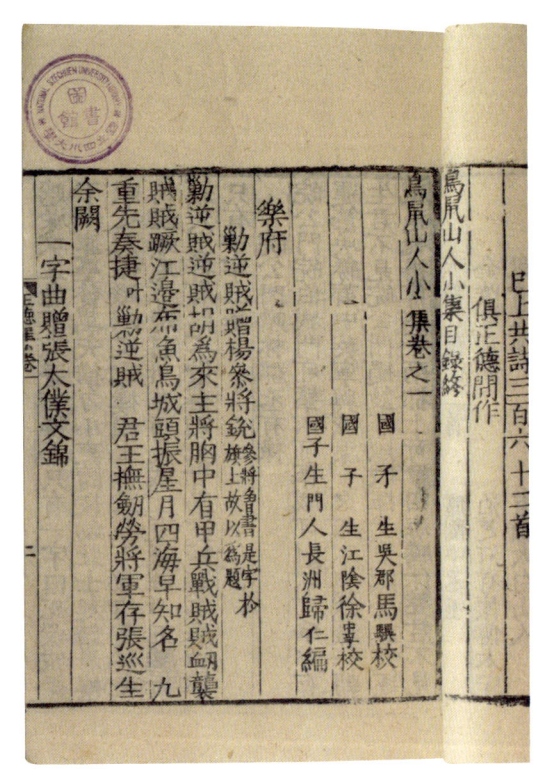

107 滄溟先生集三十卷附錄一卷

（省0312）

（明）李攀龍撰，明隆慶六年（1572）刻本，八册。半葉十行，行二十字，白口，單黑魚尾，左右雙邊。板框19.5釐米×14.5釐米，開本24.8釐米×15.9釐米。鈐有"幼賡珍賞"朱印。存十三卷（卷一至十三）。

李攀龍（1514—1570），字于鱗，號滄溟，歷城（今山東濟南）人。嘉靖二十三年（1544）進士。與王世貞等人提倡文學復古運動，主張"文必秦漢，詩必盛唐"，爲明嘉靖、隆慶年間文壇"後七子"領袖。事蹟見《明史》本傳。

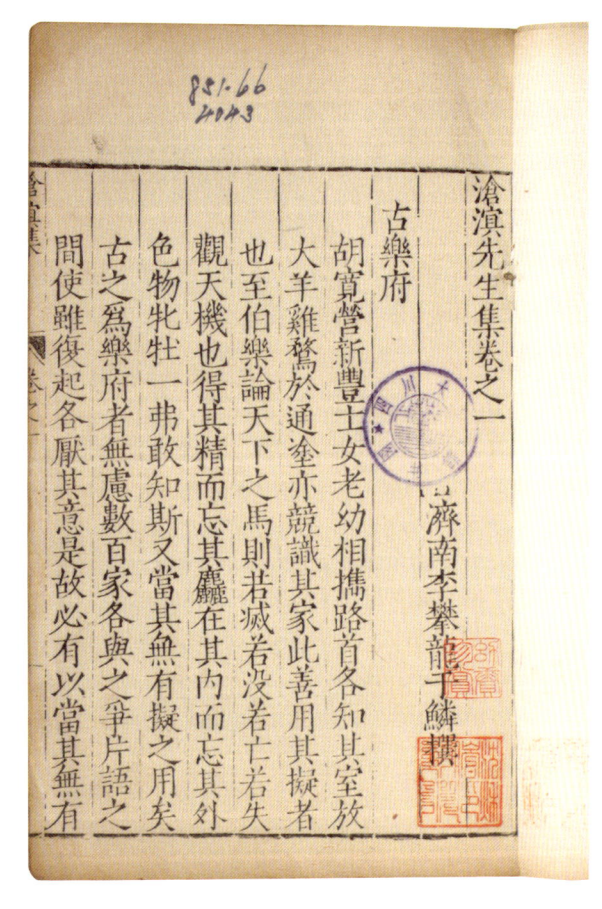

108 中川遺稾三十三卷（省0317）

（明）王教撰，（明）王在阡編，明嘉靖三十九年（1560）清白堂刻、清乾隆中修補印本，八册。半葉九行，行十八字，白口，單白魚尾，四周單邊。版心下鐫"清白堂"。板框18.3釐米×13.1釐米，開本27.1釐米×14.6釐米。鈐有"華西大學圖藏"白文印。

王教（1479—1541），字庸之，號中川，祥符（今河南開封）人。嘉靖二年（1523）進士，歷任翰林院編修、南京兵部右侍郎等。事蹟見《明史》本傳。《中川遺稾》爲王教之子王在阡所編，"清白堂"爲王教室名。

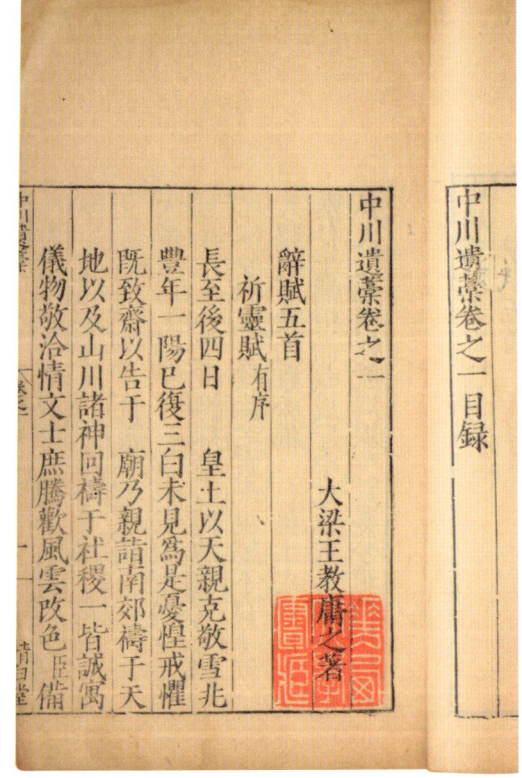

109 味餘書室全集定本四十卷隨筆二卷（省0322）

（清）仁宗顒琰撰，清嘉慶五年（1800）內府刻本，八冊。半葉九行，行十七字，白口，單黑魚尾，四周雙邊。板框20釐米×14釐米，開本27.9釐米×17.5釐米。書中鈐有"震熙""雨辰""雨辰籍讀""兩齋家學""四川存古學堂所藏金石圖書之印"等印。有清宣統二年（1910）何震熙題記。

味餘書室是嘉慶皇帝書房名。此集收錄嘉慶皇帝即位前所作古今體詩三千二百餘首、文百餘篇、隨筆五十二則，嘉慶五年（1800）由內府刊刻。

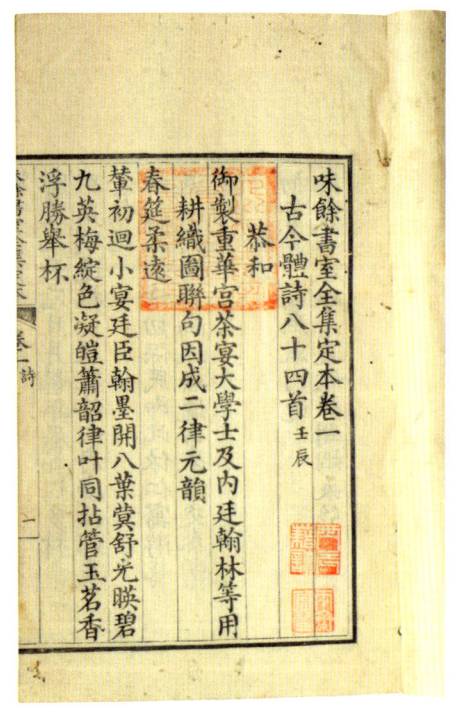

110 文苑英華一千卷（省0331）

（宋）李昉等輯，明嘉靖四十五年（1566）胡維新刻，萬曆六年（1578）、三十六年（1608）遞修本，一百冊。半葉十一行，行二十二字，小字雙行同，白口，無魚尾，四周單邊。板框20.5釐米×15釐米，開本27.5釐米×17.4釐米。鈐有"鹿輝世精心所聚""華西大學圖書館珍藏"朱印。

李昉（925—996），字明遠，深州饒陽（今河北饒陽）人。五代後漢乾祐間進士，仕宋後官至參知政事，監修國史。事蹟見《宋史》本傳。《文苑英華》始修於太平興國七年（982），成於雍熙三年（986），係北宋官修大型文章總集，收文上起南朝梁末，下迄唐末五代。《文苑英華》在南宋時期曾經周必大等校訂刻印，傳本罕見。館藏此本係明嘉靖四十五年（1566）福建監察御史胡維新招募福州、泉州兩地刻工所刻。

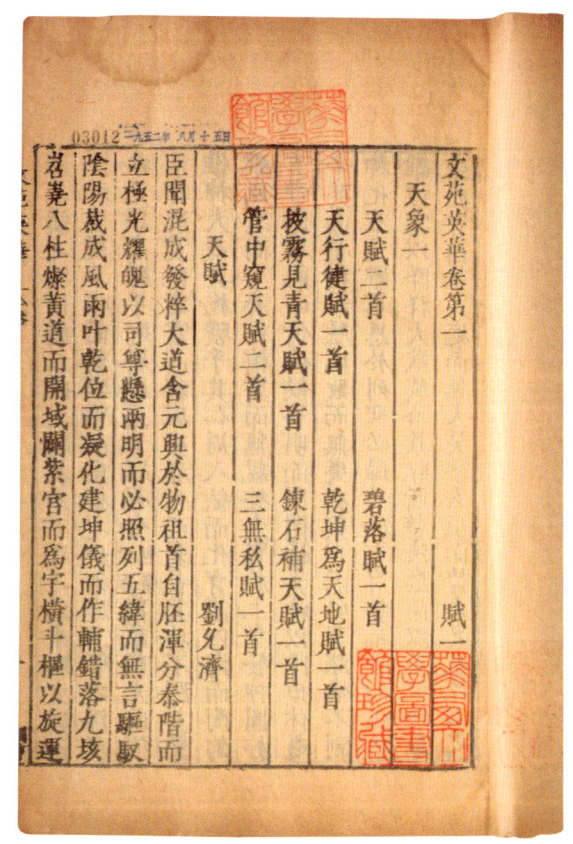

111 玉臺新詠十卷（省0332）

（南朝梁）徐陵輯，明崇禎六年（1633）寒山趙氏小宛堂覆宋本，四冊。半葉十五行，行三十字，上下細黑口，無魚尾，左右雙邊。板框20.8釐米×14.2釐米，開本25釐米×16.2釐米。鈐有"大泌山房之章"印。

徐陵（507—583），字孝穆，東海郡郯縣（今山東郯城）人。仕梁、陳二代，官至左光祿大夫、太子少傅。事蹟見《陳書》本傳。《玉臺新詠》爲徐陵所輯歷代女性題材詩歌總集，自漢至南朝梁，凡六百多首。《玉臺新詠》未見明以前刻本傳世，明、清二代屢經刊刻，其中以寒山趙氏小宛堂覆宋陳玉父本名聲最著，民國間南陵徐乃昌曾據以影刻。

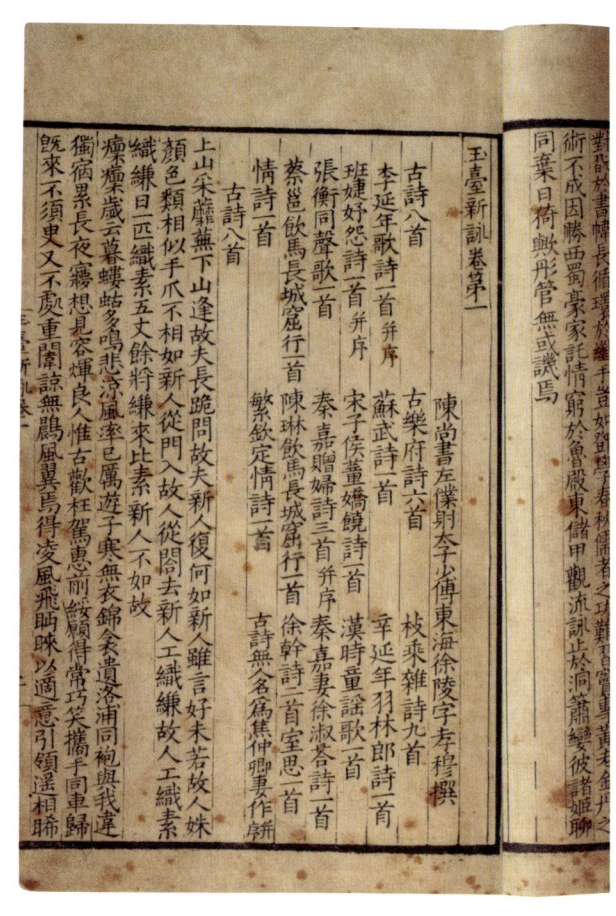

112 樂府詩集一百卷目錄二卷

（省0333）

（宋）郭茂倩編，明崇禎毛氏汲古閣刻本，二十冊。半葉十一行，行二十一字，白口，單黑魚尾，左右雙邊。內封刻"宋本勘定/郭茂倩樂/府解題/汲古閣藏板"。板框18.6釐米×14.4釐米，開本25.3釐米×15.8釐米。鈐有"華西協合大學哈佛燕京學社"朱印。

郭茂倩（生卒年不詳），字德粲，鄆州須城（今山東東平）人，元豐間曾任河南府法曹參軍。《樂府詩集》總括歷代樂府，上起陶唐，下迄五代。《四庫全書總目》稱其"解題徵引浩博，援據精審，宋以來考樂府者無能出其範圍"，"誠樂府中第一善本"。明朝末年，毛氏汲古閣據元至正元年（1341）集慶路儒學刻本重刊，幾經校改，面貌逐漸接近南宋紹興浙江刻本，成爲清代以後流傳最廣的《樂府詩集》版本。《四部叢刊》即據以影印。

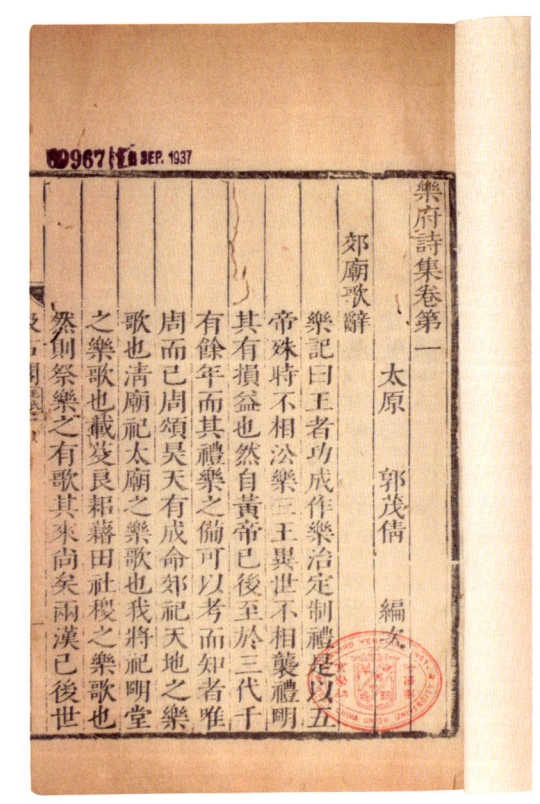

113 詩紀一百三十卷前集十卷外集四卷別集十二卷（省0335）

（明）馮惟訥輯，明嘉靖三十九年（1560）甄敬陝西刻本，四十冊。板框18.7釐米×13.8釐米，開本24.6釐米×16.6釐米。半葉九行，行二十一字，小字雙行同，白口，單白魚尾，四周單邊。鈐有"提督四川學政南皮張之洞捐奉所置書"印。

馮惟訥（1513—1572），字汝言，號少洲，山東臨朐人。嘉靖十七年（1538）進士，官至江西左布政使、光祿寺卿。事蹟附見《明史·馮琦傳》。《詩紀》係馮惟訥編纂的詩歌總集，錄詩上起上古，下迄隋代，分前集（古逸詩）、正集（古代詩）、外集（仙鬼詩）、別集（論詩）四部，向以完備見稱。嘉靖中，馮惟訥任陝西按察司僉事，時任巡按陝西監察御史甄敬將《詩紀》付梓刊行。督刊者爲秦州知州李宋，是爲此書首次刊刻。

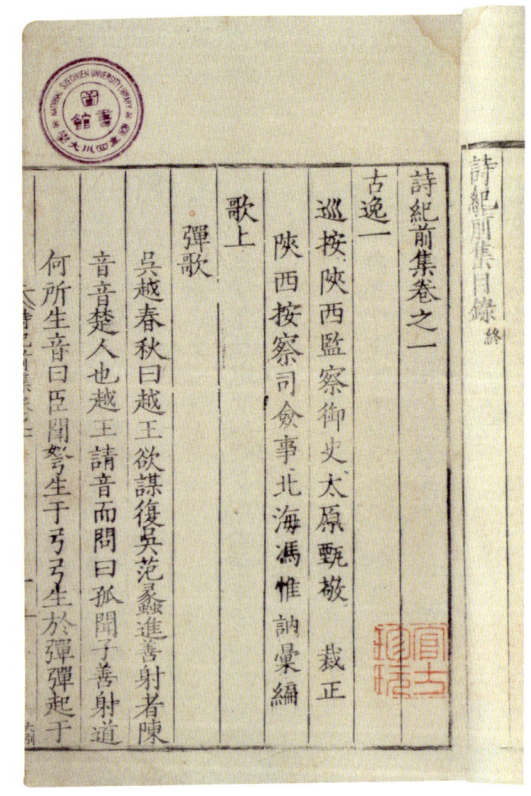

114 御定歷代題畫詩類一百二十卷

（省0338）

（清）聖祖[玄燁]敕撰，（清）陳邦彥等輯，清康熙四十六年（1707）內府刻本，五十冊。半葉十一行，行二十三字，上下黑口，單黑魚尾，左右雙邊。板框18.4釐米×12.9釐米，開本25.1釐米×15.8釐米。鈐有"華西協合大學哈佛燕京學社"朱印。

《御定歷代題畫詩類》為康熙御定，儒臣陳邦彥等人奉敕編輯。此書專收清以前題畫詩，凡八千九百六十二首，三十類。

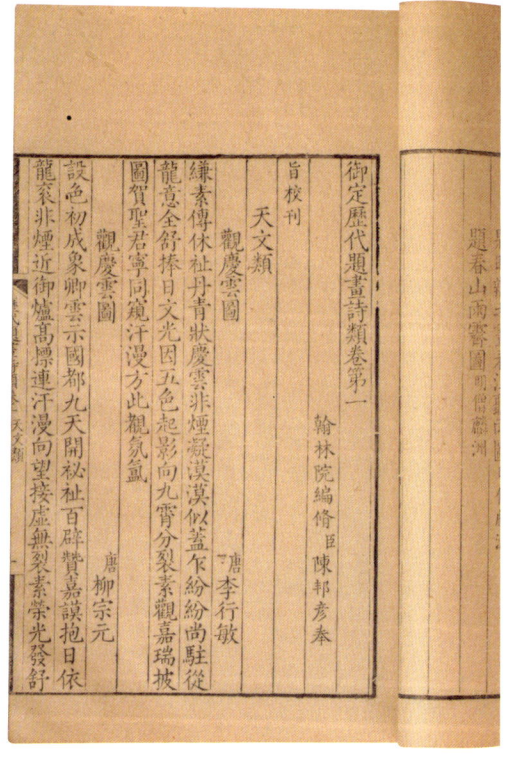

115 古文淵鑒六十四卷（省0344）

（清）聖祖[玄燁]御選，（清）徐乾學等奉敕編注，清康熙四十九年（1710）內府刻五色套印本，二十四冊。半葉九行，行二十字，小字雙行同，上下黑口，雙順黑魚尾，四周單邊。板框18.6釐米×14釐米，開本31.4釐米×16.8釐米。

《古文淵鑒》係康熙二十四年（1685）御選大型文章總集，選文上起春秋《左傳》，下迄兩宋，徐乾學等十二名儒臣奉敕箋注。全書選文用真德秀《文章正宗》例，箋注用李善注《文選》例，文章評點用樓昉《古文標注》例，並依王霆震《古文集成》例備載前人評語，依五臣注《文選》例諸臣附論各列其名，意在矯士習，正文風。《古文淵鑒》之編纂、修訂歷時二十餘年，康熙四十九年（1710）始由內府五色套印刊行。

116 宋文鑑一百五十卷目錄三卷

（省0353）

（宋）呂祖謙輯，明天順八年（1464）嚴州府刻本，四十冊。半葉十三行，行二十一字，上下黑口，雙順黑魚尾，左右雙邊，版心記字數。板框19.2釐米×12.7釐米，開本26.9釐米×17.1釐米。鈐有"豫章曹氏石倉藏書之印""孫氏照初收藏金石圖籍之章""師古山房""子子孫孫永寶用""孫氏照初""張謹夫圖書印""華西大學圖藏"等印。

呂祖謙（1137—1181），字伯恭，婺州（今浙江金華）人。隆興元年（1163）進士，累官至直秘閣學士。世稱"東萊先生"，卒謚"成"，改謚"忠亮"。事蹟見《宋史》本傳。《宋文鑑》係呂祖謙在淳熙年間奉敕編纂，錄文起於宋初，迄於靖康末年，凡二千五百餘篇，四十九類。

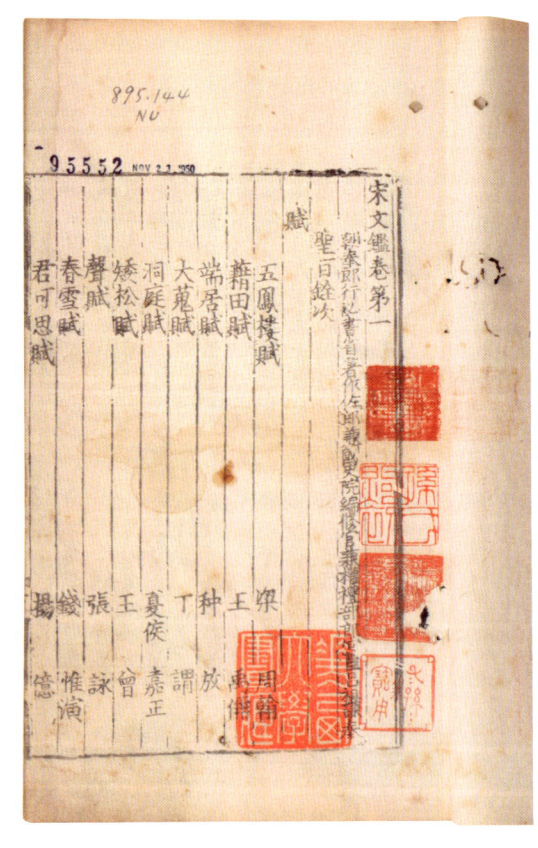

117 御訂全金詩增補中州集七十二卷首二卷（省0354）

（金）元好問輯，（清）郭元釪補輯，清康熙五十年（1711）內府刻本，十六冊。半葉八行，行十九字，白口，單黑魚尾，四周單邊。板框18.1釐米×12.3釐米，開本24.8釐米×15.7釐米。鈐有"盱眙王錫元蘭生收藏經籍金石文字印""寶德堂藏書""國立四川大學圖書館藏"等印。

元好問（1190—1257），字裕之，號遺山，太原秀容（今山西忻州）人。金興定五年（1221）進士，累官至尚書省左司員外郎。事蹟見《金史》本傳。郭元釪，字于宮，號雙村，清初江蘇諸生，曾參加《佩文韻府》等書的修撰。元好問編《中州集》十一卷，掇拾金詩，郭元釪以其求詩未備，重爲增輯，仍存原書作者

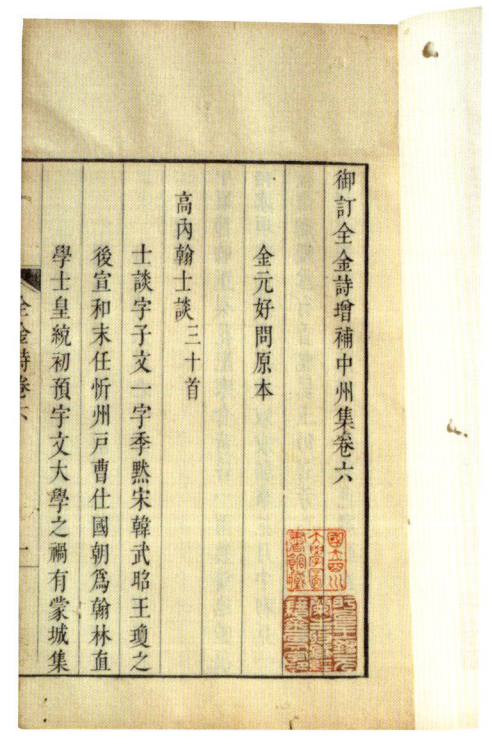

小傳，並取《歸潛志》以拾其遺，雜取《金史》以及諸家文集、說部以備考核，郭氏有所論說亦附於後。書成奏進，康熙皇帝御製序文，命內府刊行。

118 皇明經濟文錄四十一卷（省0355）

（明）萬表輯錄，明嘉靖三十三年（1554）刻本，二十三冊。板框19.5釐米×13.6釐米，開本27.1釐米×16.6釐米。半葉十行，行二十二字，白口，單黑魚尾，四周單邊，版心記刻工姓名。鈐有"私立桐蔭中學圖書室"朱印。存三十餘卷（卷一至九、卷十一至十三、卷十五、卷十六、卷十八至二十二、卷二十五至三十三、卷三十六至四十一）。

萬表（1498—1556），字民望，號鹿園居士，浙江鄞縣人。嘉靖初舉武會試，官至漕運總兵。事蹟見《明史》本傳。萬表雖為武臣，然博通經術，諳熟先朝典故，其所編《皇明經濟文錄》收錄洪武至嘉靖間重要政論、奏章凡七百二十七篇。

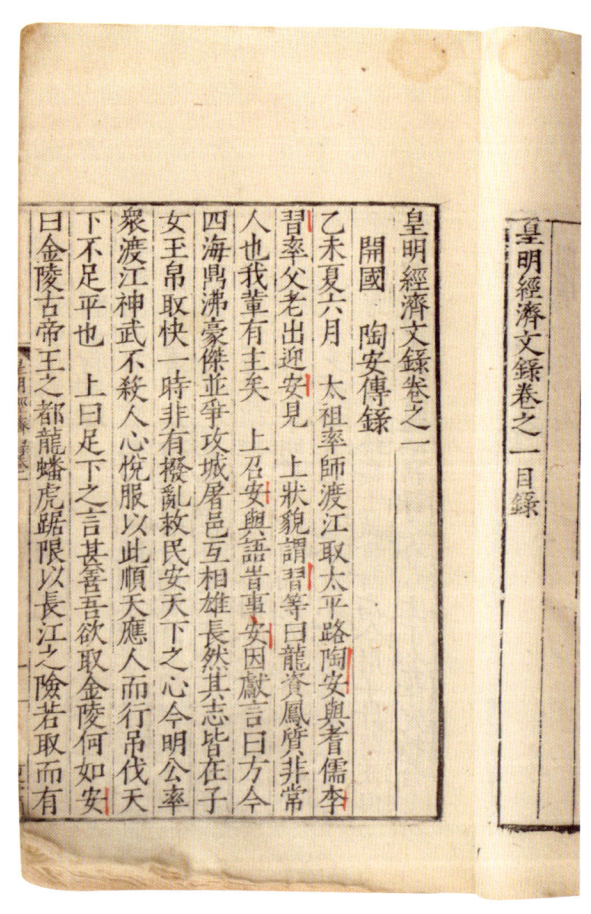

119 劍閣芳華集二十卷附原目一卷

（省0357）

（明）費經虞輯，（清）費密補，清鈔本，十册。半葉十行，行二十一字，無魚尾，無邊欄。開本23.8釐米×15.5釐米。

費經虞（1599—1671），字仲若，號鮮民，四川新繁人。曾任昆明知縣。費密（1625—1701），字此度，號燕峰。經虞次子，著述頗豐。此集爲巴蜀詩集選編，書末附《楊廷和墓表》校勘記散葉，另附浮簽若干。孫澍《蜀詩序》稱："明季桂林太守新繁費經虞仲若輯蜀詩，權輿太祖，迄於思陵，厥子密此度續纂，歷國朝順治康熙初元，題曰《劍閣芳華集》。"李調元《蜀雅》即在《劍閣芳華集》基礎上編訂而成。《劍閣芳華集》僅有鈔本傳世。

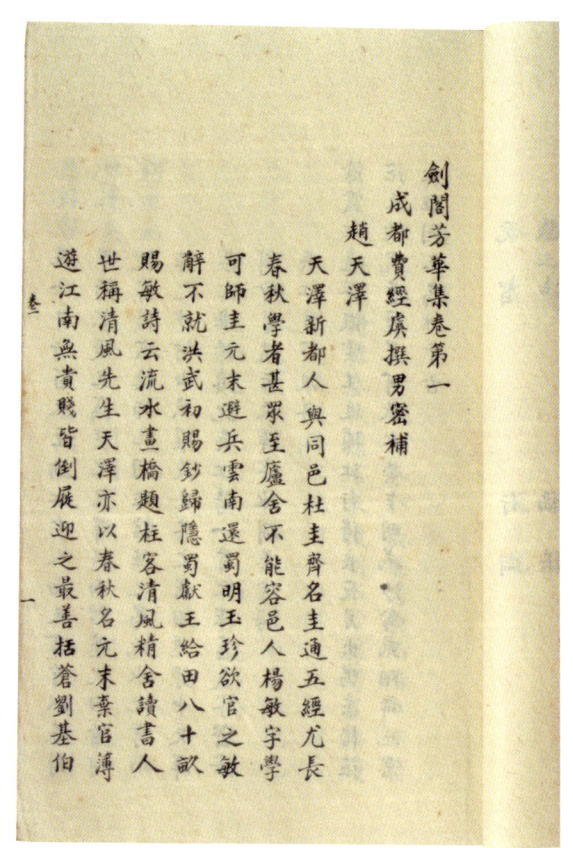

120 詩人玉屑二十卷（省0363）

（宋）魏慶之輯，清刻本，四册。半葉十一行，行二十一字，上下黑口，單黑魚尾，四周雙邊。内封刻"重刻元板/詩人玉屑/處順堂藏板"。板框19.5釐米×13釐米，開本25.6釐米×16.5釐米。鈐有"華西協合大學中國文化研究所圖"朱印。

魏慶之（生卒年不詳），字醇甫，號菊莊，建安（今福建建甌）人。《詩人玉屑》係魏慶之所輯宋代詩論選編。《四庫全書總目》稱其"採摭既繁，菁華斯寓"，"鍾嶸所謂披沙簡金，往往見寶者，亦庶幾焉"，爲後世論詩者所必資者也。《詩人玉屑》成書於度宗朝，故所錄南宋人語爲多。《苕溪漁隱叢話》成書於高宗朝，故所錄北宋人語爲多。二書相輔，宋人論詩之概略具。《詩人玉屑》在宋、元、明、清屢經刊刻，且均有印本傳世，版本情況較爲複雜。

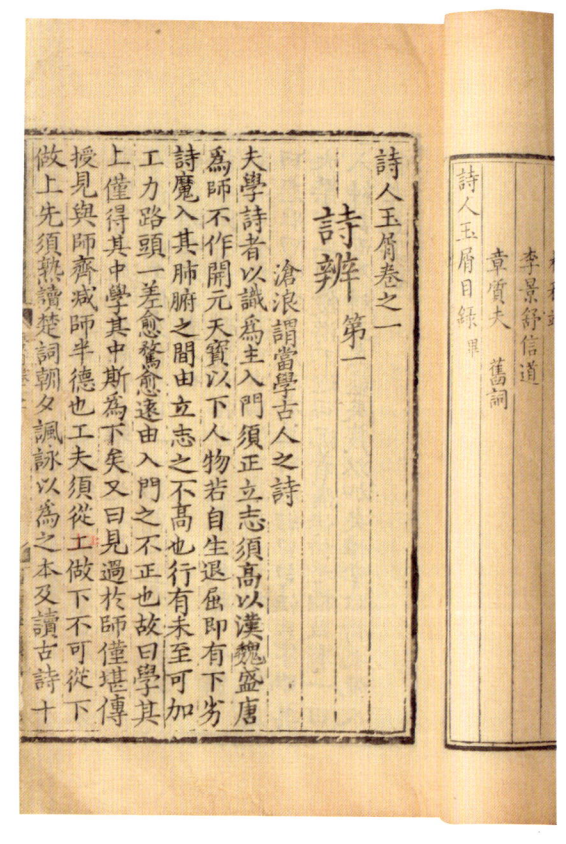

121 草堂詩餘五卷（省0367）

題（明）楊慎批點，明吳興閔映璧刻朱墨套印本，四冊。半葉八行，行十八字，白口，無魚尾，四周單邊，天頭以及行間印批語。板框20釐米×14.6釐米，開本26.3釐米×17.4釐米。鈐有"懿輝""華西大學圖藏"二印。

楊慎（1488—1559），字用修，號升菴，四川新都人。正德六年（1511）進士，授翰林院修撰，後以諫大禮謫戍滇中。事蹟見《明史》本傳。《草堂詩餘》係宋詞選編，成書於南宋時期，編者不詳，首創詞家小令、中調、長調之分類體系。

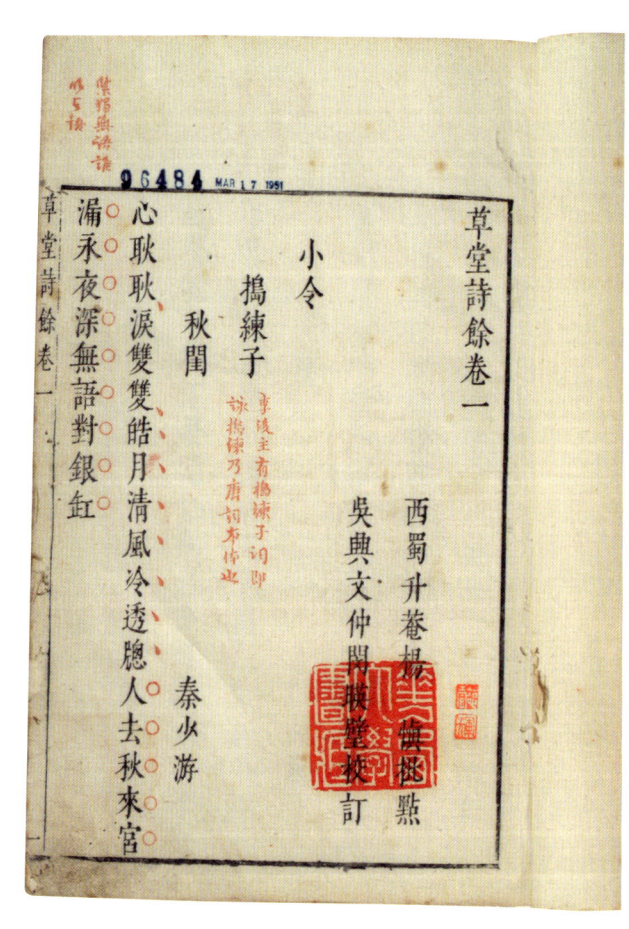

122 抱蘭軒叢書（省0373）

（清）陳太初撰，清嘉慶八年（1803）抱蘭軒木活字印本，十六冊。半葉九行，行二十一字，白口，四周雙邊。內封刻"嘉慶癸亥鐫/抱蘭軒藏板"，版心印"抱蘭軒藏"。板框14.9釐米×10釐米，開本21.8釐米×13.1釐米。子目四種，即《琅嬛天文集》四卷、《琅嬛地理書》四卷、《琅嬛詩集》四卷、《琅嬛秘書》四卷。

陳太初，字遂軒，浙江會稽人，乾隆四十六年（1781）曾任江蘇甘泉知縣。

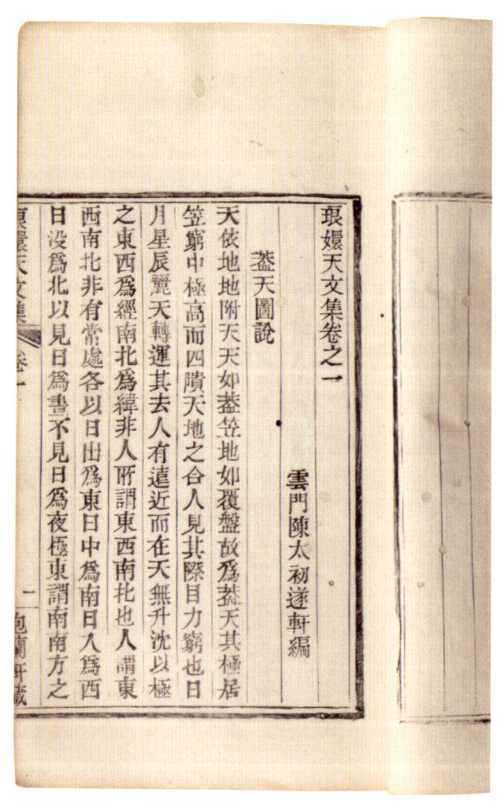

編輯説明

　　四川大學圖書館、檔案館和博物館歷史悠久，館藏豐富，精品紛呈。爲深入挖掘其文化内涵，全面展示其社會價值，四川大學組織實施了"四川大學館藏資源開發工程"，編輯出版《四川大學館藏精品集萃》叢書。

　　自1704年錦江書院藏書之室、1875年尊經書院尊經閣和1896年四川中西學堂藏書樓肇始，四川大學圖書館植根深厚巴蜀大地，服務學校百廿發展，致力民族偉大復興，薈萃燦爛中華文明，吸納優秀外來文化，爲中國西部歷史最久、規模最大的圖書館。本書作爲《四川大學館藏精品集萃》叢書之一種，彙集四川大學圖書館館藏珍貴古籍中收録進入《國家珍貴古籍名録》《四川省珍貴古籍名録》者，並撰寫各書提要，選録書影，敘其内容概略和版本沿存，以《國家珍貴古籍名録》《四川省珍貴古籍名録》收録號編次。其中，收録進入《國家珍貴古籍名録》者四十八種，收録進入《四川省珍貴古籍名録》者一百二十一種。

　　本書由四川大學圖書館組織編輯，党躍武主編，丁偉、張盛强、李詠梅和韓夏副主編。党躍武負責全書的策劃和統稿工作，丁偉負責提要撰寫工作，張盛强和李詠梅參與全書的編輯和出版工作。